ÉTUDES

DE PRINCIPIOLOGIE DU DROIT

PAR

A. GOROVTSEFF

ANCIEN PROFESSEUR A LA FACULTÉ DE DROIT DE PERM (RUSSIE)

EXTRAIT DE LA

Revue du Droit public et de la Science politique en France et à l'Etranger

Avril-Mai-Juin 1925

PARIS (5e)

Marcel GIARD

LIBRAIRIE-ÉDITEUR

16, Rue Soufflot, et 12, Rue Toullier

1925

ÉTUDES

DE PRINCIPIOLOGIE DU DROIT

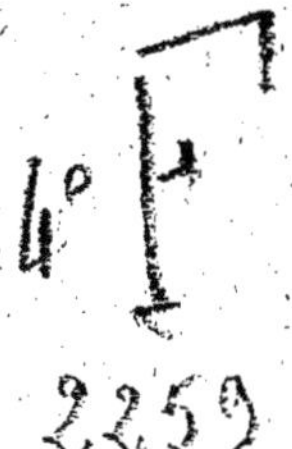

ÉTUDES

DE PRINCIPIOLOGIE DU DROIT

PAR

A. GOROVTSEFF

ANCIEN PROFESSEUR A LA FACULTÉ DE DROIT DE PERM (RUSSIE)

EXTRAIT DE LA

Revue du Droit public et de la Science politique en France et à l'Etranger

AVRIL-MAI-JUIN 1925

PARIS (5e)

MARCEL GIARD

LIBRAIRIE-ÉDITEUR

16, Rue Soufflot, et 12, Rue Toullier

1925

Etudes de Principiologie du droit

I. — La notion de l'objet dans le sens juridique et son rôle pour la science du droit.

« ... La Science est avant tout une classifi-
« cation, façon de rapprocher les faits que
« les apparences séparaient, bien qu'ils fus-
« sent liés par quelque parenté naturelle et
« cachée ».

H. Poincaré. « La valeur de la Science ».

I

Il n'existe guère de traité consacré à l'étude des principes généraux de la science du droit où une place des plus considérables ne soit donnée à l'étude de la notion du *sujet* en droit. Depuis l'époque des jurisconsultes romains jusqu'à nos jours, cette question n'a pas cessé de constituer un axe véritable autour duquel se fait le grand mouvement d'investigations sur l'essence même de ce phénomène primordial de toute la vie sociale qu'est le Droit. Cette tâche est toujours loin d'être terminée, mais on ne peut, dans tous les cas, reprocher à la littérature scientifique du droit de n'avoir pas employé tous ses efforts pour établir un des éléments les plus fondamentaux de l'idée du Droit : la notion de sujet en droit.

Combien différente est la destinée d'une autre notion qui est pourtant jointe, pour ainsi dire, à celle du sujet : la notion de l'*objet* en droit. Il paraît, en effet, que cette notion de l'objet devrait surgir devant chaque juriste qui ne reste pas étranger à l'étude de la notion de sujet, ces deux notions ne pouvant constituer, en vertu même de la loi des associations et de celle des contrastes, que deux aspects différents d'une seule et même idée du Droit. Ne serait-il donc pas naturel qu'en raison même de ces lois les plus élémentaires de la logique, l'étude de la notion du sujet ait pour son corollaire celle de sa notion-sœur qu'est la notion d'objet ? N'est-il pas naturel et légitime de croire que ce n'est qu'en accordant à cette dernière notion une attention aussi grande qu'à la notion du sujet que l'on pourrait assurer le succès dans le travail si important et si difficile de trouver la solution de l'énigme du Droit ?

Or, toute la littérature juridique multi-séculaire est là pour témoigner de ce fait vraiment paradoxal que, tandis que la notion de sujet fait, en effet, l'objet des études les plus développées et les plus variées, celle de l'objet reste, pour ainsi dire, complètement en dehors de l'horizon de la science du droit. C'est à peine si, jusqu'à ces derniers temps, quelques traités du droit civil effleuraient seulement le problème scientifique de cette notion qui se résumait, pour ce domaine du droit, dans la notion des « choses », objets matériels, opposées à celle des personnes, êtres vivants, sujets en droit. Cette thèse ayant pour le monde juridique la qualité d'une sorte d'axiome, sanctionné par l'autorité de la doctrine romaine, avec sa division fondamentale en l'étude des « personnes » d'un côté et celle des « res » de l'autre côté, c'est peut-être pour cette raison que la théorie générale du droit qui n'était d'ailleurs jusqu'à ces derniers temps qu'une sorte d'introduction à l'étude du droit civil, ne croyait même pas nécessaire d'accorder une attention quelconque à une notion dont la construction juridique ne présentait pour elle aucun doute, ni, par conséquent, aucun intérêt. Il a fallu qu'avec le développement de la science du droit public, d'un côté, et de la philosophie du droit en tant que discipline indépendante de l'autre, l'étude des grands problèmes juridiques dépasse résolument les cadres du seul domaine du droit civil, pour que le monde juridique porte son attention sur ce fait que si, à la rigueur, pour ce domaine du droit, la notion de l'objet peut se contenter du phénomène de « choses » en tant qu'objet en droit, ce phénomène ne convient aucunement à ce rôle pour les autres domaines du droit, tels que le droit public et le droit international. Et pourtant, cette notion de l'objet devrait naturellement, non moins que celle du sujet, faire partie organique, en tant que notion fondamentale du phénomène du Droit, non seulement d'un seul domaine du droit, mais de chacun de ses domaines. C'est pourquoi certains d'entre les théoriciens du droit n'ont pas reculé devant la tâche de découvrir la notion de l'objet en droit, aussi pour d'autres domaines que celui du droit civil, en accord avec la construction de cette notion donnée par ce dernier, tâche qu'ils se prêtaient à résoudre d'une manière complètement mécanique. En procédant de la façon habituelle pour les domaines du droit dont il s'agit, qui consiste à rechercher les bases nécessaires en les tirant, par la voie d'analogie, du domaine du droit civil et en se rattachant au fait que c'est la notion des « choses » qui était envisagée jusqu'à ces derniers temps d'une façon unanime en tant que l'objet en droit, ils se sont mis notamment à la recherche, dans le domaine du droit public, d'un élément dont la consistance puisse permettre de l'assimiler à une « chose », « res », à laquelle on pourrait attribuer, dès lors, selon la doctrine classique, le rôle d'objet. Cette « res » fut trouvée, comme on le sait, dans le phénomène de territoire, seule « chose », pour ainsi dire, palpable dans le domaine du droit public, et l'on sait que pendant assez longtemps la doctrine courante se contentait de cette conception de territoire en tant qu'objet en droit public (1).

(1) C'est surtout dans la doctrine du droit international qui fut, comme on le sait, depuis Grotius, le véritable berceau de la nouvelle philosophie du droit, que cette idée d'attribuer au territoire le rôle d'objet en droit public reçut son développement. On la trouve chez Zouchy, Römer, Zachariæ, Schmelzing et chez beaucoup d'autres auteurs, quoique moins prononcée que chez ceux qui viennent d'être nommés. (V. *notre* article : « La notion de l'objet en droit international » dans la *Revue de Droit International et de Législation comparée*, 1925, tit. 1-2). Quant au droit public, la construction de principe de la notion de territoire en tant qu'objet en ce droit se

Sans nous attarder à faire ici la critique de cette conception, basée sur une transplantation pure et simple dans le domaine du droit public des catégories devenues usuelles en droit civil, il nous suffira de relever un phénomène qui rend au moins précaire la valeur de l'idée consistant à trouver la solution du problème de l'objet dans le sens qui vient d'être indiqué. C'est que, en appliquant cette idée, on arrive forcément à une incohérence complète entre la conception de l'objet dans le domaine du droit civil d'un côté et dans celui du droit public, de l'autre : tandis qu'en droit civil c'est la quantité innombrable de toutes les choses imaginables qui peuvent exister dans le monde et constituer des objets en droit, pour le droit public ce n'était, au contraire, qu'une seule « chose », le territoire. Cette disproportion seule devait, semble-t-il, provoquer les doutes les plus sérieux sur la possibilité d'attribuer au territoire le rôle d'objet et ne pouvait que compliquer la tâche pour parvenir à la solution adéquate du problème de l'objet.

Mais il arriva, pour le droit public, une heure encore plus critique en ce qui concerne le problème de la notion d'objet : ce fut lorsqu'un coup très grave fut porté à la conception du territoire en tant qu'objet en droit public par la théorie bien connue de Fricker, qui établit que, loin d'être objet, le territoire n'est, dans sa véritable conception, rien autre chose que la notion des limites terrestres du pouvoir de l'Etat, c'est-à-dire une notion strictement immatérielle (1). Depuis la nais-

trouve développée avec le plus de profondeur et de détails chez Gerber. Dans la science française, ce fut surtout Batbie qui se rapprocha de l'idée dont il est question, en tant qu'il avait mis dans le fondement même du système de son *Traité* une division basée sur un rôle indépendant appartenant aux phénomènes de droit administratif ayant trait à la notion du territoire, « la chose ». C'est qu'en effet c'est bien le système classique des Institutes, avec sa division principale en droits des personnes, droits des choses et les manières d'acquérir, que le célèbre auteur du *Traité théorique et pratique de droit public et administratif* a mis à la base même de la division de son œuvre (V. Batbie, *Traité*, 2e volume, préface, p. 11).

(1) Fricker. *Vom Staatsgebiet*. 1867. — Il est juste de noter ici que le premier qui énonça l'idée de la nouvelle conception du territoire en tant que cadres territoriaux de la puissance publique de l'Etat, et non pas son

sance de cette nouvelle théorie qui sut gagner très vite une place dominante dans la science juridique, il s'est créé, pour le droit public, une situation au moins paradoxale au point de vue de la conception de l'objet en droit : la notion de territoire, seul phénomène auquel on l'attribuait, ayant perdu ce rôle, le droit public paraît se trouver actuellement complètement dénué de cette notion qui a pourtant sans aucun doute son importance scientifique en tant que corollaire d'une autre notion fondamentale, celle du sujet en droit.

L'échec de la tentative faite en vue de trouver pour le droit public la conception adéquate à la notion de l'objet en se basant sur la notion matérielle des « choses » ne peut que contribuer à accentuer les efforts pour découvrir la notion exacte de l'objet, qui doit être, de même que celle de sujet, commune aux différents domaines du droit, sauf, bien entendu, les particularités conditionnées par l'essence même de chacun de ces domaines, et en corrélation complète avec la notion de sujet. Le premier pas qui doit être fait dans cette voie, c'est de relever le défaut logique fondamental de la conception basée sur la notion des « choses » en tant qu'objets matériels. Et pour ceci il faut, tout d'abord, se rendre compte de la vraie portée que doit avoir, dans le domaine des notions juridiques, la conception de l'objet.

On peut distinguer, en effet, trois manières de considérer cette notion de l'objet, dans ses rapports avec sa notion-sœur, celle de sujet. Tout en ayant entre elles une idée de principe commune au point de vue formel, elles se différencient pourtant considérablement au point de vue de la teneur qui est mise, selon chacune d'elles, dans la notion intrinsèque de l'objet. Ce qui leur est commun, c'est que, pour toutes, l'objet est ce qui est en dehors du sujet, qui lui est contraire par son essence même. Mais le contenu intrinsèque de cette dernière

« objet », fut le professeur à la Faculté de Droit à Kieff, Nesabytovsky, dont l'ouvrage consacré au développement de cette idée, *La Doctrine des Publicistes sur la possession interétatique*, parut en 1860. L'ouvrage de Fricker ne fut publié que sept ans après celui de Nesabytovsky, resté d'ailleurs probablement inconnu à Fricker, puisqu'il était publié en russe.

définition est tout à fait différent selon la manière dont il s'agit de considérer la notion d'objet.

On sait que d'après celle de ces manières qui fait la base même de la philosophie, l'objet, c'est « ce qui est en dehors de l'être pensant ou sujet » (1) : *tout* ce qui est en dehors de cet être. Dans cette notion rentrent donc tant les choses extérieures que les êtres humains autres que celui qui se présente comme sujet, et les actions de ces êtres ainsi que du sujet lui-même ; en un mot, — tout ce qui fait objet de la fonction de connaître de l'esprit du sujet.

Il existe, par contre, une autre manière de considérer la notion d'objet, celle qui, loin d'être philosophique, peut être caractérisée comme étant plutôt vulgaire, propre à tout esprit simple : c'est celle qui n'attribue le terme objet qu'aux phénomènes matériels, c'est-à-dire à des choses extérieures et inanimées par opposition à cet être animé qui est le sujet, l'homme. D'après cette manière si répandue de considérer l'objet, l' « objet » et la « chose » sont à peu près synonymes, et l'on sait que le langage courant ne fait même pas de différence entre ces deux termes employant habituellement le

(1) *Grande Encyclopédie. — Objet.*

Voir aussi Goblot. *Le Vocabulaire Philosophique. Objet* : « L'usage d'opposer *sujet* à *objet* semble s'être établi en raison de l'analogie de forme de ces deux mots ; primitivement, objet signifie ce qui est représenté dans l'*esprit.* On distingue dans la pensée l'acte de celui qui pense, et ce qui est pensé ; c'est ce second terme qu'on a appelé *objet*... Puis, la représentation mentale, étant considérée comme l'image, la copie de la chose extérieure, il s'est fait une confusion entre l'objet, phénomène mental, pour qui être, c'est être pensé, et la chose extérieure, qui est en dehors de la pensée et subsiste sans elle ».

Comp. *Dictionnaire Encyclopédique russe* (Définition donnée par un des plus grands philosophes russes, Wladimir Solovioff) : « L'objet signifie, en corrélation avec la notion de sujet, ce qui est donné, en général, dans la connaissance ou ce sur quoi porte l'action de connaître ».

Comp. la définition donnée par Renouvier : *Traité de logique générale et de logique formelle*, 1912. « J'appelle objet ce qui, dans la représentation, s'offre comme le terme immédiat de connaître : le représenté, en tant que donné simplement dans la représentation. J'appelle sujet le représenté, en tant que jugé pouvoir exister, être donné indépendamment de la représentation propre et actuelle où il appartient comme phénomène ».

terme objet quand on veut désigner une chose matérielle (1).

C'est bien à ce dernier usage que se conformait presque jusqu'à nos jours la science juridique dont l'exemple classique de division des Institutes en « droit des personnes » et « droit des choses » peut servir de témoignage éclatant. La pensée des juristes romains, si matérialiste, a pris pour base même de toutes ses conceptions de droit, à côté de l'idée de sujet, celle des choses matérielles comme objet même du droit, en divisant tous les rapports juridiques en ceux existant entre les hommes et ceux existant, selon elle, entre les êtres humains d'un côté et les « choses », les « res », de l'autre.

On connaît la critique dont fut l'objet, ces derniers temps, cette conception classique qui identifie la notion d'objet en droit à celle de choses matérielles. Elle relève notamment, comme nous allons le voir en détail plus loin, que, le droit n'étant en réalité autre chose que le rapport entre les êtres humains, un homme ne saurait se trouver en rapport juridique direct et immédiat avec les choses. Pour que la possession d'une chose soit valable dans les conditions de la vie sociale, il ne suffit pas, d'après cette théorie, d'un quelconque rapport immédiat entre la chose et son possesseur. Il faut, en effet, que cette possession soit reconnue par d'autres êtres humains; d'où il résulte qu'il ne peut jamais être question d'un rapport entre un homme et une chose, mais, en réalité, d'un rapport à propos de cette chose entre cet homme et d'autres êtres humains, ses « co-sujets » (2) en droit, qui

(1) Comp. dans la note précédente Goblot : *Le Vocabulaire Philosophique, in fine.*

(2) Je crois pouvoir substituer au terme habituel « sujet » en droit l'expression de « co-sujet », puisque cette dernière renferme en elle-même l'idée que ne manquent pas très judicieusement de mettre en avant les théoriciens du droit, tels que Ortolan, Roguin, Bierling (« Mit-Subjekt », « Rechtsgenosse »), à savoir que, tout rapport juridique étant bilatéral, ce sont toujours deux sujets qui y prennent part, dont l'un est l'ayant droit, possesseur d'une prétention (« Anspruchsubjekt », « sujet actif ») et l'autre celui à qui incombe le devoir de donner satisfaction à cette prétention (« Pflichtssubjekt, « sujet passif »).

sont les « sujets » de l'obligation de ne pas porter atteinte à un droit sur la chose, en tant que ce droit est reconnu par l'ordre social.

C'est donc ainsi que se présentent les trois manières d'envisager la notion d'objet en corrélation avec celle de sujet : 1) la manière philosophique, selon laquelle est objet tout ce qui se représente comme étant en dehors du sujet : tant les choses matérielles extérieures que les actions humaines, les phénomènes immatériels; 2) la manière vulgaire, selon laquelle ce ne sont que les choses matérielles qui constituent la notion d'objet; et 3) la manière juridique et sociale, selon laquelle ce ne sont, au contraire, que les actions humaines auxquelles appartient en réalité le vrai rôle de l'objet (1).

C'est bien cette dernière manière de considérer la notion de l'objet en droit qui doit servir de point de départ pour établir une conception encore plus correcte de cette notion, en la mettant en accord avec la notion générale du Droit lui-même, en tant qu'ensemble des règles de restrictions du libre arbitre de ceux qui sont « co-sujets » en droit : c'est donc justement ce libre arbitre, la « liberté naturelle » du sujet en droit, qui constitue en réalité, — telle est la thèse que je vais développer dans le présent travail, — le vrai objet en droit (2).

(1) Le procédé qui consiste à substituer à la notion abstraite de l'objet qui est l'action immatérielle, celle de l'objet concret, n'est pas d'ailleurs particulier au seul phénomène du droit, mais aussi à d'autres phénomènes d'ordre social. Ainsi, nous disons, par exemple, au sujet d'un échange de lettres entre deux correspondants, que l'objet de cette correspondance est une certaine affaire ou un objet matériel quelconque. Or, en réalité, son vrai objet n'est que la communication des idées ou des intentions des sujets correspondant entre eux au sujet du soi-disant « objet » de leur correspondance.

(2) Cette thèse n'est énoncée *expressis verbis*, dans la littérature de nos jours, que par M. Lévy-Ullmann dans son ouvrage *Eléments d'Introduction générale à l'étude des sciences juridiques*. Paris, 1917. Je suis heureux de pouvoir contribuer au développement de cette thèse par les idées qui vont être exposées à ce sujet et auxquelles j'ai déjà eu l'occasion de donner expression, dans une certaine mesure, dans mon ouvrage (en russe) : *Quelques questions litigieuses de la théorie générale du Droit*. Petrograd, 1917, ainsi que dans un article publié en 1911, dans le *Journal du Ministère* (russe) *de la Justice*, 1911, septembre.

Avant d'aborder le développement de cette thèse, remarquons d'ores et déjà que c'est justement cette conception de la notion d'objet qui permet de constater un fait très important négligé jusqu'à présent, autant qu'il soit à ma connaissance, par la science du droit. Ce fait consiste en la communauté du principe même de la division générale, de cette sorte d'architecture juridique qui existe en réalité tant en droit privé qu'en droit public, principe basé justement sur l'idée de l'opposition des notions fondamentales de sujet et d'objet.

Pour le droit privé, nous savons bien quelle est sa division qui, une fois créée par le génie des juristes romains, a conservé sa valeur jusqu'à nos jours : c'est le système classique des Institutes, qui réduit tout le domaine du droit privé à ceux du droit des personnes et du droit des choses, en leur adjoignant celui des obligations. Pour le droit public, beaucoup plus récent quant à sa construction scientifique, sa division peut être néanmoins établie d'une façon assez ferme, à savoir en droit constitutionnel et droit administratif (*Verfassungsrecht* et *Verwaltungsrecht*, d'après la terminologie allemande inaugurée par l'autorité de Lorenz von Stein).

A première vue, on ne peut constater rien de commun entre les plans de construction si différents de ces deux domaines les plus généraux du droit ; mais, en réalité, cette communauté existe ; elle se révèle dans un trait commun d'ordre bien organique que nous pouvons constater, si nous ne nous bornons pas à n'observer que le caractère extérieur de la division dont il s'agit, mais si nous essayons de scruter sa portée intrinsèque. Ce trait commun consiste, en effet, en ce que, dans les deux domaines du droit, la division fondamentale porte sur les deux notions que nous avons le droit d'envisager dès lors comme les deux véritables piliers de toute construction du Droit : celles de sujet et d'objet. Ce sont bien ces deux notions qui, tout en ayant différentes expressions *in concreto* pour chacun des deux domaines du droit, se trouvent, en réalité, à la base de la division de chacun d'eux : pour le droit privé, le droit des personnes, c'est-à-dire des sujets dans le domaine de ce droit, fait sa première partie principale, tandis que, pour la deuxième partie, la notion d'objet fait son contenu, — le droit des choses et celui des obligations ne constituant, en effet, rien autre que l'objet en droit privé ; pour parler d'une façon plus précise et plus conforme aux nouvelles conceptions de l'objet, ce sont les intérêts de l'homme, sujet en droit, qui portent sur les choses ou les obligations faisant « objet » de ce véritable objet en droit que constitue la liberté naturelle du sujet.

Or, pour le droit public, lui aussi, ne retrouvons-nous pas toujours ces mêmes notions de sujet et d'objet dans le fondement même de la division générale de ce domaine du droit, en droit constitutionnel et en droit administratif? Le droit constitutionnel qui traite de l'organisation de l'Etat en tant que phénomène de puissance publique n'est-il pas, en effet, lui aussi, rien autre que le droit de la constitution des « sujets », des « personnes », dans ce domaine du droit auquel on donne le nom de droit public? D'autre part, le droit administratif qui traite des phénomènes du droit public ayant rapport aux intérêts des citoyens, rapports faisant justement l'objet de la réglementation de cette partie du droit, qu'est-il donc, si ce n'est la partie du droit public traitant de *l'objet* de ce droit que constitue la « liberté naturelle » du sujet, — l'Etat, — par rapport aux intérêts en question?

Sans m'attarder ici au développement de l'observation qui vient d'être faite, développement qui ressortira en détail du caractère général de la présente étude, il suffit de constater que, à la condition de procéder par la méthode d'une analyse attentive, on retrouve, comme l'on voit, pour le droit public exactement la même division organique que pour le droit privé, à savoir en droit consacré à la notion de sujet — droit constitutionnel, droit des « personnes », — et droit consacré à la notion de l'objet — droit administratif, droit des « choses », ces dernières n'étant en réalité, pour le droit public (de même d'ailleurs que pour le droit privé lui aussi en tant que l'on se place sur le terrain de la conception juste de la notion de l'objet), que le droit des limitations de la « liberté naturelle » du sujet.

A lui seul déjà, le phénomène qui vient d'être noté faisant ressortir le rôle d'importance primordiale qui revient à l'ensemble des notions de sujet et d'objet, cette dernière étant présentée sous sa conception adéquate, peut faire présumer combien grande peut être la portée que doit présenter l'élaboration de cette conception pour accomplir deux tâches qui feront, elles aussi, l'objet du présent travail. L'une de ces deux tâches est de contribuer à établir une distinction juste entre les catégories du droit privé et du droit public, tâche qui occupe la pensée juridique depuis bien longtemps et qui reste toujours non résolue, malgré tous les efforts déployés vers ce but. Or, il me semble, — et c'est à la démonstration de cette idée que sera consacré, en partie, le présent travail, — que c'est justement à la notion de l'objet en droit, laissée jusqu'à présent dans une ombre presque complète par la science du droit, que peut revenir le rôle de clé pouvant résoudre l'énigme de la distinction adéquate entre le droit privé et le droit public.

Quant à la deuxième des tâches auxquelles je viens de faire allusion, elle touche à une œuvre qui reste, jusqu'à présent, presque complètement en dehors des recherches des théoriciens du droit, malgré son importance de premier ordre. Il s'agit notamment d'établir une classification raisonnée et organique entre les diverses disciplines juridiques qui restent toujours dans un état de dispersion logique. Certes, il n'y a pas de juriste qui ne soit conscient de ce qu'il existe, d'un côté, une différence profonde entre telle ou telle des disciplines faisant partie de tout l'ensemble de la science du droit, et une liaison organique entre toutes ces disciplines, de l'autre côté. Mais il suffit de rappeler que, même dans les travaux qui étudient cette science d'une façon très approfondie et très détaillée, on ne trouve généralement, — le problème de la distinction entre le droit privé et le droit public mis à part, — qu'une simple mention portant que le premier d'entre eux se partage en droit de famille, droit de patrimoine, droit commercial, etc., et le deuxième en droit constitutionnel, droit administratif, droit pénal, droit international, etc. (1), pour être autorisé à affirmer que nulle part, ou presque, on ne trouve de satisfaction à ce besoin d'une classification scientifique des différentes disciplines juridiques, qui est pourtant l'une des bases les plus essentielles d'une conception juste et précise de tout l'ensemble du phénomène du Droit.

Et pourtant, « la science est avant tout une classification, façon de rapprocher les faits que les apparences séparaient, bien qu'ils fussent liés par quelque parenté naturelle et cachée (2) ». Ces paroles émanant d'une des autorités les plus hautes de la science nous dispensent d'épiloguer sur la grande valeur que doit présenter pour la science du droit, non moins que pour toute autre science, l'idée d'une classification scientifique, qui doit se donner pour but d'établir, dans le même temps, tant la liaison organique existant entre les différentes disciplines, que l'essence intrinsèque de ce qui les sépare,

(1) Pour ne citer que quelques exemples typiques de ce manque d'analyse de la liaison organique qui existe entre les différentes disciplines, analyse qui devrait faire ressortir cette liaison tout en mettant en relief, dans le même temps, les particularités qui les séparent, je peux me référer, par exemple, à des travaux tels que le *Traité* de Baudry-Lacantinerie qui porte notamment ce qui suit au sujet de la question dont il s'agit (t. I, § 14) : « Selon qu'on l'envisage sous des aspects différents, le droit se distingue en : Droit national et droit international... A. Le droit national est public ou privé. I. Le droit public national se subdivise en : 1° droit constitutionnel, qui organise la puissance publique, c'est-à-dire la constitution et les attributions de l'Etat ; 2° droit administratif, qui règle les rapports de l'Etat et des particuliers et le fonctionnement des services publics ; 3° droit criminel ou pénal qui détermine des infractions punissables et les peines qui leur sont applicables. II. Le droit privé national... On donne fréquemment au droit privé le nom de droit civil.. Dans un sens plus restreint, on oppose le droit civil... au droit commercial.

B. Le droit international... Comme le droit national, il se subdivise en public et privé... »

On le voit, il ne s'agit pas tant d'une classification organique que plutôt d'une simple énumération descriptive. Et c'est à peu près de la même façon que l'on retrouve, chez tous les autres auteurs qui s'occupent à présenter un coup d'œil général sur l'ensemble des disciplines juridiques différentes, un procédé tout pareil de genre strictement énumératif et descriptif pour faire cette présentation, sans faire ressortir leurs liens intrinsèques et leurs particularités au point de vue organique et analytique.

(2) H. Poincaré. *La Valeur de la Science*, pp. 265 et 266.

tout en les ralliant à un seul et même principe, tout comme les différentes branches d'un arbre sont liées à son tronc. Or, il me paraît que c'est justement à la notion de l'objet en droit (dont le rôle si important vient déjà d'être relevé par la constatation qui vient d'être faite un peu plus haut en rapprochant sur son terrain « les faits que les apparences séparaient bien qu'ils fussent liés par quelque parenté naturelle et cachée », à savoir la communauté pour les domaines du droit privé et du droit public, d'un seul et même principe de leur construction organique), que peut revenir de la façon la plus adéquate le rôle d'un tronc de cet arbre « généalogique » du droit, que doit présenter sa classification scientifique.

Une pareille classification qui fait, elle aussi, un des objets du présent travail, me paraît avoir une importance d'autant plus grande qu'elle doit, mieux que tout autre procédé, faire ressortir les vrais principes du phénomène général du Droit, basés non pas sur des idées préconçues et métaphysiques, si habituelles pour la méthodologie du droit, mais sur les faits juridiques eux-mêmes tels qu'ils se présentent en réalité. La première tâche d'une véritable « Philosophie du droit » est d'expliquer ces faits, cette réalité, et non pas d'entreprendre de les reconstituer en se basant sur des idées préconçues et abstraites. Tout le monde reconnaît le rôle très important qui appartient à ce sujet à la branche de la science du droit que l'on appelle le « droit comparé ». C'est bien grâce à elle que l'on parvient à découvrir tels ou tels principes généraux du droit, tant sur le plan historique que sur celui de l'étude des systèmes nationaux du droit chez les différents peuples, principes qui sont restés si longtemps impénétrables pour la philosophie abstraite du Droit.

Or, on peut se rendre compte, en réalité, *mutatis mutandis*, qu'une autre notion de « droit comparé » se trouve jusqu'à présent avoir été négligée de façon tout à fait imméritée : c'est celle de l'étude comparative des différentes disciplines juridiques en tant que parties d'une seule et même entité. C'est en tirant de chacune d'elles les principes qui leur sont communs et en utilisant ainsi, contrairement au procédé de déduction qui règne actuellement dans le domaine de la philosophie du droit, une méthode diamétralement opposée, celle de l'induction, que l'on peut être beaucoup plus sûr de parvenir à la généralisation des principes du droit : à une sorte de vraie « Principiologie » du droit, basée sur l'étude systématique comparée des différentes disciplines juridiques. C'est aussi par cette voie que l'on peut le mieux arriver à la rénovation nécessaire de la science de la Philosophie du droit, en lui assurant, sous la forme de la « Principiologie », une liaison des plus directes et des plus intimes avec chacun des phénomènes vivants de la vie juridique pratique. On sait que c'est justement à raison de son caractère abstrait et métaphysique que la Philosophie du droit n'a pas obtenu de place à part dans le plan général d'enseignement des Facultés de droit en certains pays. La « Principiologie du droit », telle qu'elle est envisagée dans ces lignes, ne se présenterait-elle pas, peut-être, comme une discipline qui aurait plus de chances de faire ressortir la grande portée des principes généraux du droit pour chaque juriste, ne fût-il qu'un simple praticien, en établissant ces principes sur les bases mêmes de l'étude de ces disciplines juridiques qui sont destinées à faire l'objet de toute son activité journalière?

II

L'œuvre générale de l'évolution d'une nouvelle conception de la notion d'objet en droit peut être envisagée en deux étapes différentes : la première se rattache surtout aux premiers doutes qui ont surgi chez le philosophe qui peut être appelé, avec beaucoup de raisons, comme le créateur de la doctrine moderne du droit, — je viens de nommer Kant, — et qui a pour point d'attache la critique de la conception des « droits réels ». C'est bien en effet dans cette dernière conception qu'a été accentué avec le plus de force le rôle des « choses », quasi-indépendant des êtres humains formant la communauté sociale, rôle qui rend possible le parallèle de la notion de l'homme, « persona », en tant que sujet en droit, avec celle des « choses », « res », soi-disant objets en droit. La première chose à faire, c'était de proclamer qu'il n'existe, en réalité, aucun rapport juridique immédiat entre l'homme et les choses extérieures, même pour cette situation juridique qui porte le nom de droit réel et qui semble établir avec évidence un tel rapport immédiat.

C'est bien cette tâche-là qui fut l'objet de la doctrine de Kant et, après lui, de celles de trois juristes célèbres de trois nationalités différentes qui étaient, tous les trois, les contemporains, à peu près, du grand philosophe de Kœnigsberg : un Anglais, Austin ; un Français, Ortolan ; et un Allemand, Ahrens, qui a d'ailleurs résidé et enseigné durant de nombreuses années à Paris. Leur œuvre constitue justement la première étape de l'évolution de la vraie conception de la notion d'objet en droit, étape se résumant surtout en la destruction de la thèse classique qui attribuait le rôle d'objet aux choses extérieures matérielles.

A côté de cette phase de l'évolution du problème dont il s'agit, on peut placer sa deuxième étape, dont les représentants, sans se borner à la tâche immédiate de détruire la thèse classique, sont allés plus loin, en employant la méthode positive et créatrice. Ce sont notamment les créateurs de la nouvelle conception de la notion d'objet, tels que Kierulff, Gierke et Bierling (1), qui, non contents de refuser aux choses le rôle d'objet en droit, ont abordé la tâche positive de construire à la place devenue vide une nouvelle conception de la notion d'objet. Le centre de gravité de cette dernière se trouve pour eux du côté de l'idée du sujet lui-même, ayant son expression tantôt dans la volonté du sujet (Kierulff), tantôt dans la personne du sujet en général (Gierke), tantôt enfin

(1) On pourrait adjoindre au nombre des juristes dont les noms viennent d'être cités, celui de M. Roguin, chez qui la notion d'objet est aussi élevée, dans sa *Règle de droit*, au niveau d'un élément fondamental de l'idée générale du Droit (« objet véritable, le contenu de la règle juridique est la non-intervention, la non-immixtion des autres justiciables dans la situation du premier considéré », *Règle de droit*, p. 51), si, dans son ouvrage postérieur, *La Science juridique pure*, cet auteur n'avait fait un pas en arrière, en bannissant le terme même objet en tant que définition de l'élément de principe correspondant à celui de sujet, et en lui substituant une notion d'une portée beaucoup moins générale, celle de simple « prestation ».

dans sa conduite, c'est-à-dire son action ou sa non-action (Bierling).

C'est bien aux juristes qui viennent d'être nommés que revient surtout le mérite d'avoir fait le grand pas décisif vers une rénovation active de la notion d'objet, en la généralisant de telle sorte qu'elle puisse occuper la place de portée générale qui lui convient dans les constructions d'ensemble du phénomène du Droit. On peut dire que ce sont, en effet, ces savants qui ont déblayé définitivement le terrain pour une conception générale de la notion d'objet, conception qui, en lui attribuant une place non moins importante que celle de sujet, soit capable d'assurer à ces deux notions la portée qui leur revient en réalité, celle des deux piliers fondamentaux de la construction générale du phénomène du Droit.

Il est naturel que ce fût à Kant que l'évolution de la conception nouvelle d'objet en droit ait dû ses premiers pas. L'auteur de la définition du phénomène du Droit, en tant qu' « ensemble des conditions au moyen desquelles l'arbitre de l'un peut s'accorder avec celui de l'autre », était bien indiqué pour mettre au défi de comprendre le droit sur une chose autrement qu'en tant que rapport entre les êtres humains au sujet de cette chose. L'essence même du droit consistant pour Kant dans la limitation du libre arbitre des hommes, il était naturel que l'auteur de cette doctrine dût exprimer des doutes sur la possibilité de l'existence d'un rapport immédiat quelconque entre l'homme et la chose extérieure.

Voici dans quels termes ces doutes trouvent leur expression chez Kant (1) : « La définition ordinaire du *droit sur une chose* (*jus reale, jus in re*), à savoir : « le droit *envers tout possesseur de cette chose* est une bonne définition de mot. Mais qu'est-ce qui fait que je puisse revendiquer une chose extérieure auprès de quiconque en serait le détenteur et de le contraindre à m'en remettre la possession ? Ce rapport juridique extérieur serait-il un rapport *immédiat* de mon arbitre à une chose corporelle ? Il faudrait alors, le devoir correspondant toujours au droit, que celui qui pense que son droit ne se rapporte

(1) KANT, *Métaphysique du droit*. Trad. Barni, p. 88.

pas immédiatement aux personnes, mais à des choses, se représentât (bien que d'une manière obscure) la chose extérieure comme demeurant *obligée* à l'égard de son premier possesseur, quoiqu'elle fût sortie de ses mains, c'est-à-dire comme se refusant à tout autre soi-disant possesseur, puisqu'elle est déjà obligée vis-à-vis du premier... Il est donc absurde de concevoir l'obligation d'une personne envers des choses et réciproquement, quoiqu'il soit tout à fait permis de rendre sensible par cette image le rapport juridique et de s'exprimer ainsi ».

Le problème qui nous occupe ne se pose donc chez Kant, comme on le voit, que d'une façon plutôt négative et embryonnaire ; loin de soulever la question de savoir si c'est bien aux choses que revient le rôle d'objet en droit, l'auteur attaque surtout la conception dominante sur le rapport immédiat (droit « réel ») qui existe entre l'homme et les choses extérieures. On voit bien, — et c'est un point qui vaut d'être souligné ici au point de vue de la corrélation adéquate des notions de sujet et d'objet que nous allons développer un peu plus loin, — que, pour le philosophe de Kœnigsberg, le centre de gravité de la fausseté de l'idée d'un rapport juridique immédiat entre l'homme et une chose se ramène à l'impossibilité naturelle pour cette dernière d'être sujet « passif », c'est-à-dire sujet d'une obligation faisant le fond même de tout rapport juridique.

Contrairement à Kant qui n'a, pour ainsi dire, qu'effleuré le problème tout en lui donnant une impulsion de grande portée philosophique pour tout son développement ultérieur, c'est chez Austin que l'on trouve, pour la première fois, tout un système juridique basé sur la distinction entre deux sortes de droits, toutes les deux excluant le principe classique de la notion du droit réel en tant qu'établissant un rapport immédiat entre l'homme et les choses extérieures.

« Tout droit, — tel est le point de départ du jurisconsulte anglais, — qu'il soit primaire ou sanctionnateur, réside sur la tête d'une personne déterminée et certaine ou de plusieurs personnes. Ce droit vaut contre une ou des personnes, ou correspond à un devoir relatif incombant à une ou à des personnes autres que celle (ou celles) sur la tête de laquelle il réside. Mais si tout droit réside sur la tête d'une personne ou de plusieurs personnes déterminées, il peut valoir soit contre une ou plusieurs personnes déterminées, soit contre toute personne en général (1) ».

« Le propriétaire d'un objet donné a un droit *in rem*, — continue l'auteur, en passant à l'analyse de la deuxième catégorie de droits, — puisque le devoir relatif, correspondant à son droit, est un devoir incombant aux autres personnes, considérées d'une manière générale et indéterminée, de s'abstenir de tous les actes qui l'empêcheraient de se servir de l'objet conformément au but légitime en vue duquel son droit existe (2) ».

Mais, — telle est la conclusion d'Austin, et c'est là que se trouve le fond même de sa doctrine reniant le caractère soi-disant immédiat de rapport juridique entre l'homme et les choses extérieures, — « l'expression *in rem* quand elle est accolée au terme droit, ne signifie pas que le droit en question est un *droit sur une chose*. Au lieu d'indiquer la nature de l'objet, elle marque la portée d'application du devoir correspondant. Elle implique que ce devoir relatif incombe à toute personne en général et non pas exclusivement à une ou à des personnes déterminées. En d'autres termes, elle signifie que le droit en question vaut contre toute personne en général (3) ».

La même thèse se retrouve, après Austin (dont la première édition des « Lectures » date de 1832) chez Ortolan qui lui a consacré des développements particulièrement détaillés dans sa « Généralisation du droit romain », publiée en 1842. « Il n'existe de droit », — tel est le point de départ du célèbre romaniste, — « que de personne à personne ; tout droit a donc nécessairement un sujet actif, et un ou plusieurs sujets passifs ; lesquels, soit actifs, soit passifs, ne peuvent être que des personnes. Sous ce rapport, tout droit est personnel ».

(1) Austin, *Philosophie du droit positif*. Trad. par Henry, p. 34.
(2) Austin, *op. cit.*, p. 36.
(3) *Ibidem*, p. 38.

Tout en ayant proclamé ce principe, en tant qu'il s'agit de la notion de sujet en droit, l'auteur français ne va pas aussi loin que nous avons vu Austin le faire au point de vue de la notion d'objet en droit. Si, pour lui, « tout droit est personnel », il n'hésite pas à proclamer aussi que « tout droit est réel » en tant qu'envisagé non pas au point de vue de la notion de sujet, mais à celui de la notion d'objet : « tout droit, outre le sujet actif et le sujet passif, a de plus et nécessairement un objet, lequel, » — tels sont les termes d'Ortolan, — « dans sa plus grande généralité, est désigné sous le nom de chose. Tout droit a donc une chose pour objet ; et sous ce rapport, tout droit est réel (1) ».

Tels sont les raisonnements du célèbre romaniste, dont la deuxième partie aurait l'air d'affaiblir très considérablement la première et d'anéantir même tout l'esprit rénovateur de son auteur, si elle n'avait comme conclusion une thèse dans laquelle l'idée du « personnalisme » du droit, coupée en deux par deux manières différentes d'envisager son phénomène au point de vue de deux notions différentes, celle de sujet et celle d'objet dans le sens classique de ce dernier terme, semble retrouver, en réalité, son unité et toute sa valeur sur le terrain d'une nouvelle conception de la notion d'objet à laquelle on sent que l'auteur est sur le point d'aboutir, sans pouvoir toutefois constater chez lui son expression formelle.

Voici, en effet, les paroles par lesquelles Ortolan fait le résumé de sa théorie sur le « personnalisme » du droit : « Tout droit, en définitive, si l'on veut aller au fond des choses, se résume en la faculté pour le sujet actif d'exiger du sujet passif quelque chose ; or, la seule chose qu'il soit possible d'exiger immédiatement d'une personne, c'est qu'elle fasse ou qu'elle s'abstienne de faire, c'est-à-dire une action ou une non-action. C'est à cela véritablement que se réduit tout droit (2) ».

On voit bien que l'auteur ne se trouve, en effet, qu'à un seul pas de cette conclusion qui paraît être toute naturelle et

(1) Ortolan, *Généralisation du droit romain*, t. I, p. 637.
(2) Ortolan, *op. cit.*, t. I, p. 637.

logique, à savoir que c'est justement cette action ou cette non-action qui fait, en réalité, l'objet en droit. Mais cette conclusion-là n'est exprimée ni par Ortolan lui-même, ni par Ahrens qui, tout en adoptant la théorie « personnaliste » du droit, se borne à la soutenir par quelques paroles seulement (1), ni par d'autres auteurs du groupe qui nous occupe. Ceux-ci (2), se sont contentés, en effet, de critiquer surtout l'idée d'un rapport immédiat entre l'homme et les choses extérieures, sans passer à une étude plus approfondie et dans les cadres plus généraux du problème de la notion d'objet, c'est-à-dire de la conception à laquelle doit revenir le vrai rôle de l'objet en droit, du moment que ce rôle, en tant qu'un des éléments indépendants et fondamentaux du phénomène juridique, ne peut plus être reconnu à des choses extérieures.

Le premier chez qui nous pouvons constater une tendance bien définie à envisager la notion d'objet en droit du haut de sa conception en tant qu'élément indépendant et fondamental, fut Kierulff, l'auteur de la *Theorie des gemeinen Civilrechts*, parue en 1839, donc quelques années avant la publication de la *Généralisation du droit romain*. C'est lui qui nous donne, en effet, le premier, une construction positive d'une nouvelle conception de la notion d'objet. C'est bien l'action du sujet, elle-même, qui fait, selon Kierulff, le véri-

(1) Ahrens, *Encyclopédie juridique*, t. I, p. 155 (note) : « Tout droit est personnel, d'où il suit qu'on ne saurait diviser le droit en personnel et réel, mais seulement en droit général des personnes et en droit particulier de propriété, lequel se rapporte toujours aux personnes ».

(2) C'est bien à ce groupe que peuvent être rattachés les auteurs tels que Windscheid et Thon en Allemagne et, en France, pendant ces tout derniers temps, MM. Planiol et Demogue. On peut trouver chez Michas « *Le droit réel considéré comme une obligation passivement universelle* ». Paris 1900 (pp. 68-87), l'exposé des théories des auteurs français sur le Sujet en question, d'où l'on voit que, dans la doctrine française, Ortolan est resté jusqu'aux derniers temps à peu près seul à défendre l'idée « personnaliste » du droit. Ce n'est que chez Boistel et Folleville que l'auteur constate quelques symptômes de rapprochement avec la thèse « personnaliste ». C'est plutôt sous l'impulsion donnée par la *Règle du droit* de M. Roguin que cette thèse a retrouvé sa place chez quelques juristes français, tels que M. Planiol et M. Demogue. V. Planiol, *Traité de Droit civil*, 1908, t. I, pp. 685 et s. — Demogue, *Notions fondamentales*, p. 416 et s.

table objet du droit, les choses n'étant en quelque sorte que des points d'attache sur lesquels porte ce véritable objet. Les choses ne sont donc, d'après le terme proposé par Kierulff, que des « objets pratiques » (*praktisches Objekt*), et, en instituant ce terme, pour éliminer ainsi les choses de la conception juste de la notion d'objet, cet auteur témoigne de ses scrupules particuliers pour assurer à cette conception toute sa valeur scientifique.

« Dans l'Etat moderne, — telle est la thèse de Kierulff, — l'essence morale dont est complètement pénétré le droit, c'est qu'il ne peut valoir qu'en tant que rapport de sujet à sujet, de volonté à volonté. L'objet *du droit* (objet juridique) est donc actuellement toujours la volonté ; son contenu de fait, et notamment l'état dont la réalisation de fait fait l'objet de l'aspiration du sujet, n'est que l'*objet de fait* ou *objet pratique* du droit (1) ».

En précisant son idée, et après l'avoir établie quant au droit réel (2), Kierulff lui donne, d'autre part, une expression dans les termes que voici : « Le droit personnel a pour objet une action ou bien positive ou bien négative, mais toujours spécialement déterminée, et ce n'est que cette direction immatérielle et juridiquement nécessaire et déterminée de la volonté qui fait le contenu de ce droit. Son objet pratique est, au contraire, selon le terme lui-même, l'objet de l'action dont il s'agit (3) ».

(1) KIERULFF, *Theorie des gemeinen Civilrechts*, 1839, p. 155 : « Es ist das im gegenwärtigen Staat völlig durchgedrungene sittliche Wesen des Rechts, dass es nur als Verhältniss von Subjeckt zu Subjekt, von Willen zu Willen gilt. Das Objekt des *Rechtes* (juristisches Objekt) ist jezt immer der Wille ; der bestimmte faktische Inhalt, Zustand, dessen faktische Verwirklichung das Subjekt bezweckt, ist nur das *faktische* oder *praktische* Objekt des Rechts ».

(2) KIERULFF, *op. cit.*, p. 308 : « Der dinglich Verpflichtete darf in eine bestimmte dem dinglichen Recht unterworfene Sphäre nicht eingreifen, und muss sich innerhalb dieser Sphäre die Activität des Berechtigten gefallen lassen ».

(3) KIERULFF, *op. cit.*, p. 308 : « Das persönliche Recht hat zum Objekt das positive oder negative, immer aber speziell bestimmte Handeln eines bestimmten Subjekts, und nur diese unkörperliche der juristich notwendi-

En faisant valoir sa nouvelle conception de la notion d'objet, toute contraire à celle de la doctrine orthodoxe romaine, Kierulff ne manque pas d'essayer de proposer une explication historique de ce phénomène, très intéressant, en effet, de la différence de traitement de la notion d'objet dans le droit romain, d'un côté, et à notre époque, de l'autre. Selon cette explication, cette différence réside en ce que la volonté humaine ayant été à Rome, à l'époque républicaine de l'évolution des concepts de droit, en état de pleine indépendance, d'un sujet par rapport à un autre, il était naturel, pour les Romains, d'envisager l'action de leur volonté créatrice du droit, comme portant surtout sur les choses. Or, à notre époque où la vie sociale se représente comme état d'interdépendance complète entre les hommes qui en sont les membres, il est, par contre, naturel de considérer le phénomène du droit, en tant que rapport juridique entre les hommes et rien qu'entre les hommes, « de sujet à sujet, d'une volonté à une autre volonté » (1).

gen und bestimmten Willens Richtung ist der Inhalt dieses Rechtes. Das *praktische* Objekt dagegen ist, wie das Wort selbst andeutet, das Objekt des Handelns ».

(1) Kierulff, *op. cit.*, p. 155 (note). Cette explication, toute intéressante qu'elle soit, ne me paraît néanmoins pas capable de trancher la question, en se bornant à considérer ce fait seul que la manière d'envisager les choses comme objet en droit, c'est-à-dire un des éléments les plus essentiels de la notion même du droit, a duré bien au delà de l'époque romaine, et même jusqu'au XIXe siècle, c'est-à-dire jusqu'à la fin de l'époque féodale marquée par la Révolution française. Ne serait-il pas plus juste de penser que la domination de la conception orthodoxe de la chose en tant qu'objet en droit était conditionnée, en général, par le rôle très important qui appartenait, tant à l'époque féodale qu'à l'époque romaine, au phénomène des choses qui se représentaient surtout comme des choses immeubles, et la terre en premier lieu, qui occupait une place de tout premier ordre dans toute la mentalité sociale de nos aïeux et à laquelle il était naturel, par conséquent, d'attribuer le rôle d'un élément, pour ainsi dire, associé à celui de l'homme lui-même et indépendant de ce dernier ?

Quant à l'époque romaine, en particulier, il serait peut-être juste aussi de prendre en considération ce fait que cette époque étant proche des temps primitifs où la propriété sur une chose s'acquérait d'une façon originaire, par simple occupation, sans avoir besoin de recourir à des négociations avec les personnes auxquelles auraient appartenu auparavant tels ou tels droits à

Un pas très important dans la voie de l'évolution de la nouvelle conception de la notion d'objet fut fait, après Kierulff (1), par Gierke, dans son *Histoire de la conception allemande sur la collectivité*, publiée en 1873. De même que Kierulff, il ne passe pas sous silence le côté historico-philosophique du changement qui s'est produit dans l'évolution de la conception qui nous occupe, en lui donnant à peu près la même explication, qu'il rattache, pour sa part, en particulier, à l' « esprit allemand de collectivité », en tant qu'état d'interdépendance des volontés humaines. Mais ce qui est surtout à noter chez Gierke, c'est que tous ses raisonnements sont construits sur une base de principe complètement nouvelle. Au lieu de se départir, comme tous ses prédécesseurs, de la thèse, quoique critiquée et reniée, de la chose en tant que notion d'objet, il établit, en effet, un point de départ tout nouveau : celui notamment que, en règle générale, c'est le sujet lui-même, envisagé comme complexe vivant de la volonté humaine, qui serait, en réalité, l'objet même en droit. Tous les droits ne sont, d'après cette thèse, que les droits sur la personne du sujet lui-même. Or, l'entité de ces droits peut être divisée en deux classes : d'un côté, ceux pour lesquels il n'y a d'autre objet que la personnalité seule du sujet. C'est à cette classe que se rapportent, selon Gierke, tant les droits de famille en droit privé que la plus grande partie des droits publics basés sur le droit de puissance. Quant à la deuxième classe, à laquelle appartiennent les droits personnels patrimoniaux ou les droits d'obligation pour lesquels, — l'auteur s'empresse de l'ajouter, — c'est toujours la volonté d'autrui qui est l'objet immédiat, c'est bien dans cette classe que se place aussi un objet matériel en tant qu'objet indirect du droit (2).

une chose donnée, il était assez naturel, pour l'esprit antique, de ne voir dans le droit de propriété rien d'autre qu'un rapport immédiat entre le propriétaire et la chose dont il prenait possession, sans que nul dût être mêlé à cette opération.

(1) On retrouve les idées de Kierulff quelque peu développées et systématisées chez Unger, *System des oesterreichischen allgemeinen Privatrechts*, 1856.

(2) Gierke, *Das deutsche Genossenschaftsrecht*, t. II. *Geschichte des*

C'est après avoir établi, en premier lieu, comme nous venons de le voir, le principe d'après lequel c'est au sujet même en droit que revient aussi le rôle de l'objet « dans le sens large de cette dernière notion », que Gierke ajoute, en parlant de la notion « des choses », que « l'objet en droit dans le sens étroit et technique est seulement ce qui n'est que tout simplement un objet en droit ; et, par conséquent, tout ce qui ne porte en soi qu'une vocation exclusive à servir de point d'attache pour être dominé par une volonté reconnue (1) (2) ».

Une place toute particulière, parmi les autres auteurs qui se sont occupés de la notion d'objet, dans sa nouvelle conception, appartient à Bierling. L'auteur de la *Juristische Prinzipienlehre* fut, en effet, le premier qui traita cette question d'une façon systématique, abstraction faite des cadres du seul droit civil, et en insistant sur la portée générale qui appartient à cette notion considérée comme un des éléments indépendants et fondamentaux de la notion générale du Droit. Il est donc particulièrement intéressant d'analyser les idées de cet auteur, où l'on trouve une synthèse des répercussions des opinions des auteurs que nous venons d'examiner et où l'on peut trouver, dans les conclusions qui en sont tirées par

deutschen Körperschaftsbegriffs, p. 56 et s. : « Im weitesten Sinne ist Rechtsobjekt Alles, was den Gegenstand einer anerkannten Willensherrschaft bildet. Unter den Begriff des Rechtsobjektes im weitesten Sinne fallen daher auch die Rechtssubjekte . . Derartige Rechte an einer anderen Person zerfallen weiter in zwei Klassen. Die Rechte der ersten Klasse, zu welchen die meisten öffentlichen Gewaltrechte und im Privatrecht die persönlichen Familienrechte gehören, haben gar kein anderes Objekt als die Persönlichkeit. Eine zweite Klasse dagegen, in welcher die persönlichen Vermögensrechte oder Obligationen hervorragen, umfast diejenigen Rechte, für welche zwar das nächste Objekt ein fremder Wille ist, als mittelbares Objekt aber ein Gegenstand hinzutritt ».

(1) « Rechtsobjekt im eigentlichen und technischen Sinne ist vielmehr nur das, was Rechtsobjekt schlechtweg ist ; mithin Alles, was die ausschliessliche Bestimmung in sich trägt, Gegenstand anerkannter Willensherrschaft zu sein ».

(2) Les idées de Gierke qui viennent d'être exposées sont reproduites aussi à peu près intégralement dans son ouvrage postérieur *Deutsches Privatrecht*, publié en 1895. V. *infra*, p. 34.

Bierling, une impulsion très vigoureuse pour parvenir à une solution exacte du problème de l'objet en droit.

Tout d'abord, il faut noter qu'en faisant l'analyse des idées de Gierke sur le sujet qui nous occupe, Bierling rejette définitivement les dernières traces de la thèse classique sur les choses en tant qu'objet en droit, que nous venons de constater, quoique sous une forme très mitigée, chez l'auteur du *Deutsches Genossenschaftsrecht* (1). Il se rallie, sous ce rapport, plutôt à la thèse « pure » de Kierulff, en tant que ce dernier exclut complètement toute idée de choses comme objet en droit et ne leur laisse que le rôle de l'objet « pratique ». Or, selon Bierling, lui aussi, on ne peut parler de choses en tant qu'objets en droit autrement que comme « objets de l'objet en droit » (*Objekte des Rechtsobjektes*) (2). Quant à la conception de cette dernière notion « objet en droit », Bierling, tout en se rapprochant également sous ce rapport de Kierulff, ne partage pas néanmoins le point de vue de cet auteur, que ce soit la volonté elle-même du sujet qui fasse l'objet en droit : « il est vrai, reconnaît-il, que toute règle de droit s'adresse à la volonté des « camarades en droit » (*Rechtsgenosse*), puisqu'il lui est impossible de l'éviter pour parvenir à son but : mais ce qu'il réclame à son « camarade en droit » n'est jamais une volonté pure, c'est-à-dire sa conduite simplement intrinsèque, mais plutôt toujours une conduite déterminée extérieure, quoique ne pouvant être obtenue qu'avec l'aide de la volonté (3).

On le voit, l'auteur allemand penche ainsi, quant à la teneur même à mettre dans la conception de l'objet, vers la notion d'action ou de non-action dont nous avons pu constater la portée chez les auteurs tels que Austin, Ortolan et autres, qui,

(1) Bierling, *Juristische Prinzipienlehre*, I, p. 247 (note).

(2) Bierling, *op. cit.*, t. I, p. 244.

(3) Bierling, *op. cit.*, t. I, p. 241 : « Jede Rechtsnorm wendet sich an den Willen der Rechtsgenossen, weil er zur Erreichung ihres Zweckes unentbehrlich ist ; allein was sie von den Rechtsgenossen fordert, ist niemals ein blosses Willen, d. h. ein bloss innerliches Verhalten dessselben, sondern vielmehr stets ein bestimmtes äusseres wenn auch nur mit Hilfe des Willens herzustellendes Verhalten ».

sans faire un pas de plus pour passer à une conception de principe de la notion d'objet, considéraient quand même cette notion d'action ou de non-action comme le fond même du rapport juridique, comme phénomène inter-humain excluant toute possibilité de rapport immédiat entre l'homme et les choses extérieures (1).

Mais, après avoir établi la thèse qui vient d'être énoncée, dans les premières lignes du chapitre consacré à la notion d'objet, où il fait le résumé de sa théorie (2), l'auteur se rallie, en réalité, dans son exposé détaillé, à la conception de Gierke, en mettant en première place non pas l'action ou la non-action des sujets, mais plutôt le sujet « passif » lui-même comme faisant le vrai objet en droit. « La doctrine courante, — telle est la partie centrale des raisonnements de Bierling, — ne consacre habituellement qu'à des « choses » une analyse générale assez détaillée ; ce n'est qu'en passant seulement qu'elle fait mention de ce qu'elle considère en tant qu'objet, en dehors des choses. Ce phénomène peut certainement s'expliquer facilement par cette circonstance que, jusqu'à ces derniers temps, les exposés des « principes généraux » n'étaient envisagés qu'en tant que dépendances du droit privé, et qu'au surplus ce droit privé ne se présente à ses représentants modernes qu'en tant que droit patrimonial. Mais dans le cas où nous embrassons un droit positif quelconque dans tout son ensemble, et si même nous ne constatons ce seul fait que dans

(1) La polémique de Bierling contre Kierulff, dont le point de départ est le reproche qu'il fait à ce dernier de n'envisager que la volonté seule (et non pas l'action ou la non-action, par rapport à laquelle la volonté n'est que le moyen de les produire), semble ne pas être complètement fondée. Si l'on trouve, en effet, chez Kierulff (p. 155), cette affirmation que « l'objet en droit est maintenant toujours la volonté », on peut aussi constater autre part chez le même auteur (p. 308) l'expression de l'idée que c'est justement une certaine conduite (et non seulement la volonté de se conduire) qui fait l'objet du droit. Selon moi, il serait plus fondé de faire à Kierulff un reproche dans un sens tout opposé à celui de Bierling, à savoir que cet auteur n'est pas assez conséquent dans le développement de ses idées de principe : il est enclin à confondre l'idée de la volonté comme objet en droit avec celle de la conduite conditionnée par la volonté.

(2) Bierling, *op. cit.*, I, p. 239.

le droit privé lui-même, une certaine place, — et même, si l'on raisonne d'une manière juste, la première place, — appartient au droit général des personnes, il ne peut plus être douteux, pour nous, que ce ne sont pas les « choses » qui occupent la première place parmi les objets en droit, mais plutôt les *sujets en droit eux-mêmes*, envisagés seulement d'un autre point de vue que celui sous lequel nous venons de les analyser dans le chapitre précédent (consacré à l'étude de la notion de sujet) à savoir au point de vue de *leur existence, de leurs parties consistantes et de leurs qualités* » (1).

J'aurai l'occasion de revenir à ces principes énoncés par Bierling quand je m'occuperai d'établir, sur la base des idées que nous avons pu constater chez lui et quelques autres auteurs, la conception de la notion d'objet qui me paraît être la plus adéquate. Pour le moment, à titre de conclusion à la revue que nous venons de faire des opinions de différents auteurs auxquels la science doit l'évolution de la nouvelle conception de la notion d'objet en droit, et avant d'exposer mes propres idées sur ce sujet, je veux me borner à constater, en témoignage de l'autorité acquise de nos jours au fond même de la conception dont il s'agit, qu'elle n'est pas niée, en principe, même par beaucoup d'entre ceux qui se posent en défenseurs de la doctrine orthodoxe de la notion des droits réels. Particulièrement significatif à ce point de vue est un

(1) Bierling, *op. cit.*, I, p. 246 : « Die herrschende Doktrin widmet regelmässig nur den « Sachen » eine eingehendere allgemeine Besprechung; was sie sonst nach als Rechtsobjekt gelten lässt, wird höhstens nebenbei erörtet. Nun erklärt sich freilich dieses Verfahren leicht aus dem Umstande, dass derartige « allgemeine Lehren » bis vor kurzem noch als zu Domäne des Privatrechts gehörig angesehen wurden, und dass obendrein dieses Privatrecht seinen modernen Vertretern fast nur noch als Vermögensrecht erscheint. Wenn wir dagegen irgend ein positives Recht im ganzen ins Auge fassen, ja selbst wenn wir bloss der Erkentniss Rechnung tragen, dass im Privatrecht auch dem allgemeinen Personenrechte eine — richtig verstanden sogar die erste — Stelle gebührt, da kann auch nicht zweifelhaft bleiben, dass unter den Rechtsobjekten nicht die « Sachen », sondern vielmehr die im vorigen Abschnitte von einer anderen Seite her betrachteten *Rechtssubjekte*, bezw. *ihre Existenz, ihre Bestandteile und Eigenschaften* in erster Linie stehen ».

ouvrage comme celui de M. Rigaud (1) qui, tout en prônant la nécessité de garder la notion des droits réels en tant que ceux pour lesquels ce sont les choses qui font leur « objet », reconnaît lui-même le rôle très important qui appartient, pour ces droits eux-mêmes, à cet élément qui consiste en l'obligation universelle de respecter ces droits « sur » une chose (2).

Remarquons, à ce propos, qu'au point de vue de la nouvelle conception de la notion d'objet se présentant comme une obligation universelle, il n'y a rien à objecter, dans les conditions qui viennent d'être citées et vont être développées plus loin, contre le maintien de la notion de droits réels considérés comme une catégorie de droits, dont la caractéristique est que ce sont les choses extérieures qui en font l'objet « pratique » (*praktisches Objekt* de Kierulff; *Objekt des Rechtsobjektes* de Bierling). Il y a seulement à relever qu'il ne s'agit pas tout de même d'un droit « sur » la chose, qui soit indépendant au point de vue « interne », pour employer la terminologie de M. Rigaud, de ce « vinculum » social qui le relie au monde des êtres humains autres que le propriétaire de la chose. Sans pouvoir entrer ici dans un examen détaillé des raisonnements de l'auteur, je dois me borner à cette indication qu'il n'est pas dans le vrai quand il veut faire ressortir le côté « externe » et le côté « interne », en tant que deux phénomènes complètement indépendants. Comment peut-on, en effet, faire ici une distinction précise en présence de ce fait, que M. Rigaud lui-même relève avec beaucoup de raison, en reproduisant la thèse de Gierke (3), que la notion même de « chose » est, en effet, considérablement différente dans le sens juridique et dans le sens physique ou « économique » (4). Par conséquent, n'est-il pas évident que ce n'est après tout que le côté « externe » qui réglemente aussi le

(1) Rigaud, *Le droit réel, Histoire et Théories*, 1912.

(2) Rigaud, *op. cit.*, pp. 308, 310 et *passim*.

(3) Rigaud, *op. cit.*, p. 238.

(4) Comp. Jellineck, *System der subjektiven öffentlichen Rechte*, p. 22 : « Der juristische Begriff der Sache ersteht erst durch das in Beziehung-setzen der Aussenwelt zu menschlichen Zwecken ».

côté « interne », le côté « internissime », puisqu'il s'étend jusqu'à définir la notion même de la « chose » (1). En affirmant son droit de propriété « sur » une chose, le propriétaire n'est donc jamais, au point de vue juridique, en rapport immédiat avec la chose, puisque ce rapport lui-même, son contenu, son côté interne, — et non seulement son côté externe, la protection du rapport en question tel quel, — est réglementé par l'ordre social. Ce n'est donc pas « sur » une chose que le propriétaire effectue son droit, mais sur une chose qui est reconnue par l'ordre social comme pouvant faire l'objet de son droit : donc, pas « sur » une chose, mais toujours *au sujet* d'une chose par rapport à d'autres personnes qui ne se sont reconnues tenues de respecter ce droit qu'en tant que la chose donnée est du nombre de celles pouvant faire objet du droit de propriété, c'est-à-dire en tant que le « Ding », objet, est une « Sache », « chose ». Ce n'est donc que pour un « Ding », un « objet », une chose « crue », c'est-à-dire en dehors de tout rapport avec les autres hommes, que le propriétaire peut avoir un « droit » *sur* une chose. Mais, en réalité, ce ne sera pas un *droit*, puisqu'il ne peut exister que par rapport à une « Sache », chose dans le sens juridique. Et ce droit ne peut exister, de même que tout autre phénomène juridique qu'entre les êtres humains, n'étant pas un droit sur une chose, mais un droit au sujet d'une chose.

Il reste encore à relever, à propos de l'ouvrage si intéressant et précieux de M. Rigaud, que son auteur ne me semble pas être, non plus, dans le vrai, quand il se réfère, pour défendre la conception classique de l'objet en tant que chose extérieure, à l'autorité de Gierke dont il reproduit quelques passages empruntés à son ouvrage récent *Handbuch des deutschen Privatrechts*. Tous ces passages n'ont, en réalité, trait à la notion d'objet qu'en tant que cet « objet pratique » dont

(1) D'ailleurs, M. Rigaud lui-même est d'avis que le côté interne du droit réel doit entrer dans sa notion juridique, étant lui aussi réglementé par le droit. Mais quand il ajoute (p. 337) que « par conséquent, ce droit a un contenu très positif qui est donné par les relations objectives du *titulaire avec la chose* », il semble oublier que le « statut » lui-même de la notion de la chose n'est qu'un résultat des rapports entre les hommes au sujet de la chose.

nous avons entendu déjà Kierulff parler et pour lequel la nouvelle conception de la notion d'objet ne nie nullement le rôle qui appartient aux choses extérieures dans les cadres de la théorie « personnaliste » elle-même, en tant qu'il ne se trouve pas en opposition avec ses principes fondamentaux. Mais au point de vue de l'idée la plus fondamentale du véritable objet, de l'objet dans le sens juridique, cet objet « pratique » n'est, pour Gierke, que l'un des phénomènes de la notion qu'il met spécialement en avant, celle de *Beziehungsgegenstand*, qui correspond virtuellement à la notion de l'objet pratique de Kierulff. S'il était nécessaire de faire disparaître le dernier doute sur les vraies idées de Gierke sur le sujet dont il s'agit, il suffirait de prendre en considération un passage particulièrement important de son *Handbuch*, qui n'est pas reproduit chez M. Rigaud. C'est le passage qui porte notamment que l'objet en droit ne peut être rien d'autre que « la volonté libre dominée (1) ». Le savant allemand souligne spécialement son point de vue dans le sens contraire à la doctrine orthodoxe, en ajoutant, dans une note, que « c'est *avec raison* que ce point de vue est admis par Merkel, Thon, Windscheid et Bierling. Contrairement à ceci (c'est-à-dire, à tort), — telles sont les paroles concluantes de l'auteur (2), — la doctrine courante (allemande) tient toujours fermement à l'idée du droit réel en tant que rapport entre la personne et la chose, rapport indépendant de l'existence d'un être obligé (3) ».

(1) GIERKE, *Deutsches Privatrecht*, 1895, 1 Band, s. 258.

(2) *Ib.*, p. 257 (note)... « *so mit Recht*, MERKEL, *Elem.*, s. 39 ; vergl. auch Thon, s. 161 ff ; Windscheid, I, s. 38 ff ; BIERLING, *Kertik*, II, 177 ff ; *Prinzipienlehre*, I, 239 ff. Dagegen hält die herrschende Lehre an der Auffassung des dinglichen Rechts als einer vom Dasein einer verpflichteten unabhängigen Beziehung zwischen Person und Sache fest ».

(3) La raison du malentendu, qui semble s'être produit chez M. Rigaud en attribuant à Gierke l'opinion d'après laquelle ce serait un rapport immédiat entre l'homme et les choses extérieures qui ferait l'essence de la notion de droit « réel », se trouve, paraît-il, dans l'expression *unmittelbares Objek* employé par l'auteur allemand. Or, on voit, — déjà d'après la citation qui vient d'être faite plus haut et qui ne laisse aucun doute à ce sujet, que cette expression *unmittelbares Objekt*, objet « immédiat », ne peut aucunement avoir, dans la bouche de Gierke, la signification que lui attribue M. Rigaud

III

Nous venons de voir, en faisant la revue des opinions de différents auteurs, partisans de la nouvelle conception de l'idée de l'objet en droit, que la plus grande partie d'entre eux se bornent à n'envisager que les cadres d'un seul domaine du droit civil, et c'est à peine si quelques-uns effleurent seulement la question de l'application de la nouvelle conception tant au domaine du droit public interne qu'à celui du droit international. Pourtant, il doit être clair que s'il existe une conception adéquate de la notion d'objet, elle doit valoir pour tous les domaines du droit, leur étant commune *in abstracto*, de même que leur est commune la notion de sujet, l'être humain qui constitue ce dernier se présentant en cette qualité tant pour le droit privé que pour le droit public, avec cette seule différence que, dans le premier domaine, il se présente surtout comme individu et dans le deuxième comme l'association d'individus qu'est l'Etat.

Le deuxième défaut de la manière d'envisager la notion

dans le sens de la reconnaissance d'un rapport immédiat entre la chose et l'homme. M. Rigaud semble en effet, n'avoir pas vu que cette expression « *unmittelbares Objekt,* » n'est employée par Gierke que dans l'ordre d'idées liées à la notion de « Beziehsingsgegenstand » qui correspond plutôt à celle de « l'objet pratique » de Kierulff et non pas à celle de « véritable » objet, cette dernière ne pourrait être, selon Gierke lui-même, « dominée ». Quant à la chose elle-même, elle n'est que l'un des points d'attache de cette volonté, et ce n'est que dans ce sens que Gierke semble employer pour elle l'expression *unmittelbares Objekt*.

Si je me suis attardé au malentendu qui vient d'être cité, c'est qu'il peut servir de témoignage bien significatif de l'opportunité d'introduire quelques changements dont je parle un peu plus loin (V. *infrà*, p. 51) dans la terminologie des notions ayant trait au problème de l'objet. Rien ne peut d'ailleurs mieux prouver cette nécessité que le cas de Gierke ; lui-même est obligé, en parlant de la chose extérieure en tant qu'objet en droit, de lui appliquer tantôt le terme de « *unmittelbares* » *Objekt* tantôt celui logiquement tout opposé de « *mittelbares* » *Objekt* (v. *suprà*, p. 27, note 2, *in fine*), contradiction qui ne peut être expliquée que parce que, dans le premier cas, la notion d'objet est envisagée en tant que « véritable » objet, et dans le deuxième cas, en tant que correspondant plutôt à celle de l' « objet pratique » dans le sens de la terminologie de Kierulff.

d'objet me paraît être qu'elle ne trouve pas, chez les auteurs dont nous venons d'analyser les opinions, d'expression assez générale et abstraite qui cadre d'une façon suffisante avec la notion même du droit sur le plan objectif. En ne parlant que du droit subjectif, il est peut-être permis d'affirmer que c'est l'action ou la non-action du sujet passif qui en fait l'objet. Mais, dans ce cas aussi, de même que pour la notion de sujet, il faut qu'il n'existe pas de différence entre la notion d'objet, envisagé au point de vue d'un certain rapport juridique séparé, et celle au point de vue du Droit, phénomène général. Or, pour la notion de sujet, cette identité ne fait pas de doute, puisque c'est toujours l'homme qui est sujet *du* droit donné dans un rapport juridique séparé, ainsi que, dans le même temps, sujet *en* droit. D'autre part, en disant que c'est une certaine action ou non-action qui fait l'objet *du* droit, c'est-à-dire d'un droit subjectif découlant d'un rapport juridique, on n'est pas autorisé à dire que c'est cette action aussi qui fait l'objet *en* droit, puisqu'il est clair que, pour trouver une expression adéquate à cette notion, on doit l'envisager non pas comme une certaine action ni comme une somme arithmétique de tous les actes d'action ou de non-action possibles, mais plutôt comme une abstraction de l'idée de ces actes, abstraction présentée au point de vue exclusivement formel.

Pour préciser notre pensée, prenons une autre notion que celle de droit, et essayons d'illustrer à son exemple ce qui se passe au sujet de l'établissement, pour cette notion, de la conception de l'objet. Prenons, par exemple, la notion de « correspondance » à laquelle j'ai déjà fait allusion un peu plus haut (1). A la question : quel est l'objet de la notion de correspondance, nous pouvons recevoir des réponses différentes, selon la façon dont celui à qui cette question sera adressée envisagera cette notion. Il y a des personnes, et c'est bien la majorité, qui, ne faisant attention qu'au côté « matériel » de la correspondance qui consistera, par exemple, en un échange de communications concernant un objet quelconque diront

(1) V. *suprà*, p. 12, note 1.

que c'est justement ce dernier qui fait l'« objet » de la correspondance. Il y en a d'autres qui diront que le véritable objet de la correspondance n'est pas l'objet matériel qu'elle touche, mais seulement l'acte consistant à faire communication sur tel ou tel objet matériel. Il peut y en avoir enfin d'autres qui mettront en relief que l'objet réel de la notion de correspondance, non seulement en tant qu'acte *in concreto*, mais aussi comme phénomène *in abstracto*, est non pas l'acte de faire communication lui-même, mais l'idée de l'échange de communications en général.

C'est aussi à peu près la même chose qui peut se produire, si nous analysons, par exemple, une notion telle que celle de « voyage ». De même que pour la notion de « correspondance », on trouvera, sans aucun doute, beaucoup de personnes qui diront que l'objet du voyage est une certaine ville ou autre point géographique, Paris, Lyon, Bordeaux, etc. ; il y en aura d'autres qui, désirant être plus près de la tâche de définir cette notion d'objet, diront que ce n'est pas, à proprement parler, le point géographique lui-même qui fait l'objet de la notion de voyage, mais plutôt le processus qui a pour but de faire arriver la personne à ce point. Il peut enfin se trouver une troisième catégorie de réponses qui diront que si cette dernière manière d'envisager la notion de voyage peut convenir à mettre en relief son essence en tant qu'un certain acte donné, elle n'est pas, à proprement parler, une définition de l'idée abstraite du voyage, ce dernier n'ayant pour objet, de la manière la plus générale, que le processus de se trouver en locomotion, sans que l'idée d'arriver à un certain point fasse son objet essentiel.

Or, la même chose arrive à peu près pour la question qui fait l'objet de notre étude : la doctrine classique orthodoxe qui affirme que l'objet du droit est la chose, est semblable à celle qui dit que l'objet du voyage, ce sont les points géographiques ; plus près de la juste conception de l'idée de l'objet sont ceux qui disent, — tout comme ceux-là qui attribuent le rôle de l'objet de la notion de voyage au processus d'arriver à un certain point, — que c'est l'action ou la non-action du sujet passif qui fait le vrai objet en droit. Et à côté de cette opinion s'en dessine une autre, qui fait valoir que, à proprement parler, une telle action ou non-action ne peut, en réalité, faire l'objet que d'un certain droit donné, c'est-à-dire objet *du* droit, mais que, pour arriver à une juste conception de la notion d'objet, il reste à en trouver une qui convienne à l'idée abstraite du droit, c'est-à-dire la notion d'objet *en* droit, sur laquelle peut se baser aussi celle d'objet du droit en tant qu'action ou non-action.

De plus, il faut aussi que, dans l'idée générale de l'objet en droit que nous allons chercher, puisse entrer celle des conceptions que nous venons de constater plus haut chez Gierke et Bierling, et qui consiste à mettre en première place, en tant qu'objet en droit, le phénomène du sujet même du droit, ce qui ne paraît pas non plus, dans une certaine mesure, être injuste, du moins pour le domaine du droit public et pour celui du droit de famille. La conception adéquate de la notion d'objet doit être construite d'une façon si générale qu'elle puisse embrasser toutes les conceptions particulières qui s'y rattachent, en tant qu'elles ont pour base l'idée de la restriction de la liberté naturelle du sujet, restriction qui fait l'essence même du phénomène du Droit.

Or, en ce qui concerne la manière d'envisager comme objet en droit la notion d'action ou de non-action du sujet, que nous venons de constater chez une grande quantité d'auteurs, le défaut de cette manière de voir est qu'elle substitue, en réalité, à la notion d'objet du droit celle de son contenu lui-même, de son but matériel. L'action ou la non-action du sujet passif par laquelle il est obligé envers son co-sujet actif, est, en effet, quelque chose autre qu'objet du droit : elle signifie uniquement la forme matérielle d'une certaine restriction de liberté naturelle du sujet obligé, l'obligation elle-même, c'est-à-dire le droit, consistant notamment dans cette restriction dont l'objet n'est autre chose que la liberté naturelle du sujet. Qu'il s'agisse de cette restriction qui se présente comme une obligation de non-action au point de vue du respect dû au droit de propriété ; ou de cette restriction qui est l'obligation de payer une créance contractée ; ou de cette autre, qui consiste en respect du principe de la liberté individuelle, dans le domaine du droit public ; ou enfin de celle-ci qui consiste, en droit international, en obligation de respecter l'inviolabilité du droit d'ambassade, — c'est toujours et partout la liberté naturelle des co-sujets d'un certain droit donné qui se présente comme objet en droit, en tant que cette dernière notion est considérée ; — et elle ne peut et ne doit pas être considérée autrement que comme le phénomène sur lequel porte l'action même du droit qui consiste en restriction de cette liberté naturelle. Ses réalisations concrètes peuvent être toutes différentes, ayant leur expression tantôt en action, tantôt en non-action, qui font le contenu d'un certain droit donné, la matérialisation, la concrétisation du principe de l'obligation : mais ce qui leur reste commun à toutes, c'est toujours ce principe de l'obligation *lato sensu* dont le véritable objet est la liberté naturelle du sujet.

On peut dire que la manière même d'envisager l'action ou la non-action comme objet en droit, que nous venons de constater chez beaucoup d'auteurs, n'est qu'une sorte de survivance de l'ancienne théorie matérialiste qui trouvait auparavant son expression la plus marquée dans la manière classique orthodoxe d'envisager comme objet certaine chose matérielle elle-même. En s'écartant de cette dernière théorie, les créateurs de la nouvelle conception de la notion d'objet n'ont pu, quand même, se défaire de l'idée de construire cette notion d'une façon sinon matérialiste dans le vrai sens de ce mot, au moins d'une façon concrète. Or, l'action n'est, en réalité, que la forme dans laquelle trouve son expression le véritable objet du droit qui est, *in abstracto*, la liberté naturelle du sujet à laquelle est imposée certaine restriction. On pourrait, en effet, établir une sorte d'échelle de différents « objets » en se référant à l'exemple donné déjà par Kierulff et cité plus haut. C'est la chose qui est, pour employer les termes de ce savant, l'objet pratique du droit. La non-action du sujet passif à laquelle beaucoup d'auteurs déjà cités attribuent la qualité de véritable objet, n'est, elle aussi, qu'une sorte d'objet pratique de premier degré par rapport à la chose matérielle ; elle-même est l'objet pratique de second degré. Et ce n'est que la liberté même du sujet (ou sa volonté comme le dit, d'une manière pas tout à fait parfaite (1), Kierulff qui, pourtant, seul de tous les auteurs cités, nous paraît s'approcher d'une juste solution du problème qui nous occupe) qui est le véritable objet, celui sur lequel porte directement l'activité du phénomène du droit qui se réduit à l'acte de limitation de la liberté naturelle du sujet. Dans cette « proposition » logique que représente l'idée du Droit et dont le substantif est le sujet, et l'adjectif est l'acte de limiter, le « complément », c'est-à-dire le véritable objet est justement cette notion de liberté sur laquelle porte cet acte de limitation.

Quant à la conception que nous venons de constater chez Gierke et Bierling, et selon laquelle c'est le sujet concret lui-même qui fait l'objet du droit, on peut dire d'elle aussi qu'elle n'est, en fin de compte, qu'un phénomène de la tendance à matérialiser la notion d'objet. Il est peut-être vrai qu'en tant qu'une personne se présente en droit public, par exemple, ou pour le droit de famille, en qualité d' « objet » du droit, la somme arithmétique de restrictions de sa liberté naturelle physique se trouve être beaucoup plus grande que, mettons, par exemple, le volume relativement le plus petit d'une pareille restriction qui fait l'essence du rapport juridique lié à un droit de créance. Mais ce fait, d'ordre purement quantitatif, ne change rien à ce principe d'ordre qualitatif que c'est toujours la liberté naturelle du sujet qui fait l'objet du droit, tant dans ce dernier cas que dans le premier, à moins qu'il ne s'agisse d'un état de personne (l'esclavage, par exemple) où elle n'est ni sujet, ni objet, de même qu'une chose matérielle qui n'est que le point d'attache (*Anknüpfungspunkt*) sur lequel se greffent les rapports juridiques entre personnes dont l'objet est leur liberté naturelle au sujet de cette chose.

L'erreur des auteurs qui veulent attribuer le rôle de l'objet en droit à son sujet lui-même, nous semble consister en ceci que, tout en reconnaissant que ce rôle ne peut appartenir à la chose matérielle inanimée, ils l'attribuent au sujet lui-même, toujours comme à un phénomène matériel, et notamment comme à une personne, à un être humain, pour ainsi

(1) V. *infrà*, p. 48.

dire, « inanimisé ». Ce n'est, en soi-même, qu'une survivance de plus de la tendance à ne penser qu'à l'aide de représentations matérialistes, dont le spécimen le plus éclatant, dans le domaine qui nous occupe actuellement, était si longtemps l'idée de la chose matérielle en tant qu'objet en droit. Or, ce n'est pas à l'être humain comme tel, à qui appartient déjà, sans aucun doute, le rôle de sujet en droit, que l'on serait fondé d'attribuer aussi celui d'objet. On pourrait, peut-être, dire — de même que nous l'avons vu pour la « chose », — qu'il est capable de se présenter en tant qu'objet « pratique », mais le véritable objet, ce n'est pas toujours lui-même, mais sa liberté naturelle, sur laquelle porte la restriction faisant l'essence même de la notion de droit. Ni une femme mariée par rapport à son mari, ni un mineur par rapport à son père, ni à plus forte raison un citoyen par rapport à l'autorité publique, ne sont des objets en droit; ils sont toujours des sujets, malgré le degré de puissance qui peut appartenir à leurs supérieurs et malgré même qu'il puisse paraître que cette puissance englobe toute leur personnalité, ce qui sert, en réalité, de point de départ pour parler d'eux comme des objets en droit. Mais en réalité, — à moins que nous ne nous trouvions devant un état d'absence complète de droit, où l'on ne peut parler ni de sujet, ni d'objet, — le sujet « passif » est jusqu'à un certain degré toujours, dans le même temps, aussi le sujet « actif », et le fait que le nombre de cas où il se présente en la première qualité peut être démesurément plus grand que celui des cas de deuxième catégorie, ne peut, quand même, changer en rien son essence, pour ainsi dire fonctionnelle de sujet, en celle d'objet. C'est justement cette quantité si grande de cas de première catégorie de restrictions de la liberté naturelle du sujet qui pousse, pour ainsi dire, à identifier la notion même de cette liberté naturelle avec son porteur lui-même. Mais, en réalité, la notion matérielle de l'homme, sujet en droit, et celle de sa liberté naturelle, qui est tout abstraite et immatérielle, sont des choses tout à fait distinctes; ce n'est que cette dernière qui peut être et est, en effet, objet en droit dans le vrai sens de ce mot, c'est-à-dire en tant que phénomène sur lequel porte l'action restrictive qui fait l'essence même de la notion de Droit.

Ce n'est que par le procédé si habituel de « matérialisation » que peut être expliquée cette erreur très grave que commet Bierling, — celui des auteurs chez qui l'on trouve d'ailleurs la notion d'objet en droit développée avec le plus d'attention et de largeur de vues, — qui consiste en défaut de construction de notion adéquate d'objet en droit, en accord avec ses domaines différents. L'analyse de cette erreur me paraît présenter un intérêt d'autant plus grand qu'elle peut nous servir de point de départ pour arriver aux conclusions de la portée générale de cette étude sur la notion d'objet, dont les deux autres parties suivantes ne seront que l'application déductive.

Nous avons vu déjà que ce fut Bierling qui proposa cette formule tranchante qui se résume en la thèse que c'est le sujet lui-même qui est aussi l'objet en droit. En tant que cette formule peut se rapporter au domaine du droit privé, le sujet, dans ce domaine, est évidemment l'homme, l'individu ; l'on peut à la rigueur reconnaître que la formule de Bierling peut être interprétée dans le sens adéquat, et, notamment, que c'est le sujet lui-même qui se présente aussi comme objet en tant qu'il s'agit de le considérer non pas au point de vue de sa personne, mais plutôt de sa personnalité, c'est-à-dire au point de vue de ces révélations de sa nature qui constituent justement sa liberté naturelle, le véritable objet du droit. Mais si tel est le cas pour le droit privé, inter-individuel, où le sujet est l'individu, la situation se présente tout à fait autre, pour le droit international, par exemple, où les sujets sont des Etats : c'est donc *leur* liberté naturelle, c'est-à-dire leur souveraineté, qui fait, en réalité, l'objet en droit international. Or, pour Bierling, tel n'est pas le cas ; c'est ici que l'on voit bien que pour lui la thèse : l'objet en droit est son sujet lui-même, n'est qu'une idée ayant pour base toujours la matérialisation de la notion d'objet. Car, pour le droit international, lui aussi, il attribue le rôle de l'objet à l'individu, l'homme, en se basant sur cette considération que c'est sur les individus que portent, en premier lieu, les prétentions, et les droits inter-étatiques » (1). On voit, par là, que pour Bierling, la notion d'objet n'a pas le caractère abstrait qui doit la distinguer en réalité ; mais c'est un phénomène, pour ainsi dire, palpable et dont la disposition, notamment, appartient au sujet. Ce phénomène peut être une chose, mais il peut être aussi un homme, une personne, et ce n'est que dans ce sens, c'est-à-dire au sens matérialiste que Bierling proclame sa thèse, que l'objet en droit est son sujet lui-même.

Or, selon moi, la formule inventée par Bierling doit avoir un sens tout à fait différent ; c'est dans ce dernier sens qu'elle peut servir réellement d'expression heureuse pour la conception adéquate de la notion d'objet en droit. Oui, l'objet en droit, c'est son sujet lui-même, mais considéré non pas en tant qu'un être matériel, mais en tant que complexe de phénomènes de cette liberté naturelle du sujet qui fait l'objet réel du droit. C'est bien la liberté naturelle du sujet qui fait l'objet en droit, — telle est la thèse générale qui est commune *in abstracto* à tous les domaines du droit, tant pour le droit privé que pour le droit international et le droit public interne. Mais les sujets eux-mêmes étant différents pour chacun de ces domaines du droit, il est naturel que, *in concreto*, cette « liberté naturelle » se présente aussi sous des formes différentes pour chacun d'eux. Pour le droit privé, inter-individuel, dont les sujets sont les individus, c'est bien *leur* liberté naturelle qui fait l'objet dans ce domaine du droit. Pour le droit international, où les sujets sont les Etats, c'est toujours la liberté naturelle des sujets qui fait l'objet, donc la liberté naturelle des Etats, c'est-à-dire leurs droits de souveraineté que les Etats sont, en principe, libres d'exercer comme bon leur semble, mais dont ce libre exercice est limité, en tant qu'il s'agit des rapports de l'Etat à l'Etat, par les règles du droit international.

Quant au droit public, c'est ici que la situation paraît se présenter sous une forme beaucoup plus compliquée, et il

(1) Bierling, *op. cit.*, t. I, p. 253-254, note 10. — V. *notre* article : « *La notion de l'objet en droit international* ». Revue de Droit International et de Législation Comparée, 1925, tit. 1-2, p. 181.

n'est pas facile de dire d'emblée qu'elle est, en l'espèce, cette liberté naturelle dont la limitation fait l'essence même de ce droit et qui constitue dès lors son objet vrai. Mais une analyse un peu plus approfondie peut nous conduire à élucider aussi ce point. Pour ceux qui reconnaissent que le Droit n'est autre chose que le phénomène de la limitation (1), il ne peut exister de doute que l'on ne peut, en effet, parler du *droit* public autrement qu'en présence de quelque limitation de cet état de choses primitif où l'Etat était omnipotent envers l'individu. Ce n'est qu'à force de développement successif des limitations de cette omnipotence, de la « liberté naturelle » de l'Etat envers l'individu, que s'est développée aussi la notion de droit public et la conception de l'individu en tant que citoyen, c'est-à-dire un sujet actif de certains droits envers l'Etat, ci-devant « dieu terrestre ». Or, il s'ensuit de soi-même que c'est la liberté naturelle de l'Etat, qui est, par excellence, sujet en droit public, qui fait, en plein accord avec la règle générale *in abstracto* établie plus haut, l'objet *in concreto* dans ce domaine du droit (2).

Je n'insisterai pas ici sur ce point qui fera, un peu plus loin, l'objet spécial de mon étude, quand j'étudierai le problème de la distinction à établir entre les notions de droit

(1) Comp. Jellinek, *System*, p. 184 : « Im Begriffe des Rechts ist bereits der Beschränkung enthalten ».

(2) Une fois de plus, Bierling, à qui la science du droit doit toute son admiration pour son esprit si profondément analytique, ne me paraît pas être dans le vrai, quand il attribue, pour le droit public, le rôle d'objet aux individus en tant qu'il s'agit des règles de ce droit qui ont pour but d'assurer la protection des droits privés des individus. Selon Bierling, ces derniers, tout en étant des sujets en ce qui concerne ces droits en tant que droits privés, ne se présentent que comme des objets pour ce qui concerne la protection de ces droits par le droit public (*op. cit.*, p. 256). Ce point de vue, basé sur l'idée de la protection comme rapport d'un être supérieur à son protégé, est, en réalité, complètement erroné, puisqu'en tant qu'il s'agit de la notion de protection *juridique*, — et il ne peut s'agir d'aucune autre, — le « protégé » n'est certainement qu'un des co-sujets dans le rapport de protection, et le citoyen qui réclame cette protection à laquelle il a droit se présente, bien entendu, non pas en qualité d'objet, mais sans aucun doute comme sujet de ce droit.

privé et de droit public, en se basant notamment sur l'idée de la conception de l'objet en droit. Pour le moment, je crois qu'il me sera permis de me borner à établir le principe seul de la notion d'objet en droit sur les bases que nous venons d'admettre. D'après ce principe le véritable objet en droit n'est que la liberté naturelle de son sujet. Cette thèse d'un ordre très général, à laquelle se réduisent toutes les autres tentatives de trouver la conception adéquate de la notion d'objet, conserve sa valeur pour tous les domaines du droit en se présentant, par conséquent, commune *in abstracto* pour tous ces domaines. Mais il est naturel que les sujets eux-mêmes étant, dans chacun de ces domaines, différents, cette notion varie *in concreto* en raison directe de ce que représente l'idée de liberté naturelle des sujets respectifs : en droit privé, inter-individuel, c'est la liberté naturelle des individus ; en droit public, c'est la liberté naturelle de l'Etat par rapport à l'individu, en tant que citoyen, copartageant de la puissance publique ; en droit international enfin, c'est aussi la liberté naturelle des Etats, non pas par rapport à leurs citoyens, mais par rapport à d'autres Etats, et notamment en ce qui concerne le libre exercice de leurs droits de souveraineté.

On voit nettement le grand avantage de ce processus de la généralisation de la notion d'objet en droit, dont le résultat est l'élaboration du principe que seule la liberté naturelle du sujet fait l'objet en droit : c'est que, par ce moyen, l'on trouve un élément fondamental aussi commun pour tous les domaines du droit que l'est l'élément du sujet ; et, d'un autre côté, l'on arrive à trouver cet élément en plein accord avec l'idée générale du Droit en tant que celui-ci se présente, selon la doctrine inaugurée par Kant et le plus généralement reconnue, comme l'ensemble des règles de conduite des sujets constituant les restrictions de leur liberté naturelle. Il devrait, en effet, résulter de cette définition même de la notion du Droit que la liberté naturelle des sujets fait l'objet en droit. Mais nous avons vu que ni Kant, ni les auteurs qui l'ont suivi, ne se sont arrêtés à cette idée. Et il a fallu un processus bien long, que nous venons d'exposer, pour que l'on puisse arriver, en mettant en doute la conception classique de la notion d'objet en tant que chose matérielle, à l'élaboration positive de sa conception adéquate se trouvant en plein accord avec la conception du phénomène du Droit mise en relief, il y a plus de cent ans, par le philosophe de Kœnigsberg.

Un grief, à première vue très important, que l'on pourrait faire à la conception dont il s'agit de la notion d'objet en droit, c'est qu'en adoptant cette conception, selon laquelle cet objet est la liberté naturelle du sujet, on est amené à reconnaître que c'est donc ce sujet « passif » lui-même qui fait l'objet en droit. Il en résulterait donc cette conclusion paradoxale qu'une seule et même personne serait, dans le même temps, sujet et objet.

En réalité, cette situation n'a rien de paradoxal ; si, cependant, il y avait quelque part paradoxe, celui-ci ne reposerait certainement pas dans un défaut quelconque de la définition de cette notion d'*objet*, mais bien plutôt dans le manque de précision avec lequel la doctrine courante envisage la notion de *sujet*. Toujours dominée par des tendances matérialistes qui ont, dans l'espèce, le caractère anthropomorphique, cette doctrine courante se représente l'état de choses dans la question dont il s'agit d'une façon telle que si, par exemple, Primus fait un acte d'achat d'une chose chez Secundus, nous nous trouvons, dans ce cas, en présence d'un rapport juridique dont Primus est le sujet « actif », et Secundus est le sujet « passif ». Or, la réalité est tout autre, puisqu'il n'existe pas de rapport juridique dans lequel le rôle de sujet « actif » appartienne en bloc à une personne, Primus, et celui de sujet « passif » à une autre, Secundus, son co-sujet. En réalité, tout rapport juridique consiste en un faisceau de rapports dont le sujet « actif », ainsi que le sujet « passif » est tantôt Primus, tantôt Secundus. Pour me borner à l'exemple que je viens de citer, ce n'est pas le vendeur comme tel qui est le « sujet passif », en tant qu'il est obligé de livrer à l'acheteur la chose faisant objet du négoce. C'est aussi l'acheteur qui est, lui-même, sujet « passif » en tant qu'il s'agit pour lui de l'obligation de livrer au vendeur une certaine somme d'argent en échange de la chose vendue. La même situation a lieu dans tout autre rapport juridique. Ainsi, par exemple, dans le rapport de droit public qui règle la situation d'un citoyen envers l'Etat sur le terrain des libertés individuelles, c'est l'Etat qui est sujet passif, en tant qu'il est question de la limitation de son omnipotence par rapport à l'individu qui se présente, de ce point de vue, comme sujet « actif » ; mais, d'un autre côté, c'est lui qui est sujet « passif » en tant qu'il est obligé, par exemple, pour réaliser son droit de réunion, de satisfaire à certaines conditions posées à cet effet par la loi ; et c'est l'Etat qui est le sujet « actif » en tant que c'est lui qui est l'ayant droit à l'obligation en question.

Donc, il n'est jamais juste de dire qu'entre deux co-sujets du rapport juridique donné, l'un d'eux, A, soit le sujet « actif », et l'autre, B, le sujet « passif ». En réalité, tous les deux sont des sujets actifs et passifs, de sorte qu'il n'y a aucune raison de les faire discerner en tant que partenaires concrets, vivants, du rapport juridique, au point de vue de cet état d'activité ou de passivité ; s'il y a quelque chose de vraiment « actif » et « passif » dans la situation dont il s'agit, ce n'est pas le personnage lui-même dans lequel ne peut évidemment être personnifiée l'idée de sujet spécifiquement actif ou passif, mais ce sont plutôt des phénomènes particuliers de sa personnalité ; tantôt c'est sa volonté qui se présente comme élément actif, en s'imposant à la liberté de son co-sujet ; tantôt, au contraire, c'est sa liberté qui se présente comme élément passif en tant qu'elle devient l'objet de la volonté de son co-sujet. On pourrait dire que le vrai sujet en droit n'est pas l'homme lui-même, en tant que personne physique, mais plutôt la volonté de l'homme ; tout comme le véritable objet en droit n'est rien autre que sa liberté.

Le présent travail n'étant consacré qu'à la conception de la notion d'objet, je ne m'attarderai pas à développer ici la thèse qui vient d'être énoncée en tant qu'elle se rapporte à la notion de sujet (1). Je me bornerai seulement à en retenir

(1) J'espère pouvoir le faire dans une autre étude à laquelle je suis en train de travailler et qui, faisant la continuation de l'étude présente con-

ici ce fait que le sujet « passif » n'étant pas, en réalité, au point de vue philosophique, un certain personnage physique, un Gaius ou un Sempronius, il n'y a rien de paradoxal en la situation qui identifie les notions d'objet en droit et celles de sujet en droit, en tant que cette dernière notion ne se présente pas sous la forme d'un personnage vivant, d'une entité indivisible. Du moment que ce n'est pas, en réalité, ce personnage lui-même qui est le sujet en droit, mais plutôt sa « personne », — notion abstraite qui, loin de comporter une identification complète de cet être vivant, ne l'envisage que du côté de sa volonté, élément actif, — il n'y a donc aucun danger en son « identification » avec la conception de la notion d'objet, puisque cette dernière, consistant en la notion de la liberté naturelle de l'être vivant, ne représente en l'espèce qu'un de ses éléments seulement, et notamment le côté passif. En résumé, on peut donc dire que ce n'est pas le sujet passif qui pourrait être identifié avec la notion d'objet, mais c'est le côté passif de la notion de sujet qui fait, en effet, le contenu de la notion d'objet. Et en ce qui concerne cette situation, il ne s'y trouve rien qui puisse être qualifié de paradoxal ou d'anormal.

Les considérations qui viennent d'être exposées donnent en elles-mêmes la raison pour laquelle, tout en me ralliant à l'idée fondamentale de la nouvelle conception de la notion d'objet, qui a trouvé sa première expression chez Kierulff, je ne crois pas qu'il soit juste de suivre ce savant en tant qu'il s'agit de considérer comme l'objet en droit la volonté elle-même du sujet tandis que, selon les idées qui sont développées dans ces lignes, ce n'est pas la volonté, élément actif, mais plutôt la liberté, élément passif, qui fait en réalité l'objet en droit. Entre ces deux notions de la volonté et de la liberté, c'est justement à cette dernière, à cause de son caractère plutôt formel et passif, que revient tout naturellement le rôle de l'objet, sur lequel porte l'action du droit dans un rapport juridique. Elle lui revient d'autant plus qu'il ne

sacrée à la notion d'objet, a pour objet l'analyse du problème du sujet en droit.

me semble pas juste de recourir, comme le font Kierulff et Gierke, à cette façon d' « objectification » de la volonté qui consiste à l'envisager en tant que se trouvant en état de sujétion vis-à-vis d'une autre volonté. Il n'est pas, en réalité, nécessaire, pour que nous soyons en présence du phénomène de l'objet, que ce soit forcément contre la propre volonté du sujet en question que soient effectués ses actes constituant la réalisation matérielle de l'action produite sur l'objet. Il peut bien arriver, en effet, que ces actes se trouvent être en pleine harmonie avec sa propre volonté, de sorte que, déjà pour cette raison seule, il n'est pas juste de dire que ce soit la volonté en tant que nécessairement subjuguée qui fasse l'objet en droit. L'élément de la volonté, élément actif et initiateur, a indubitablement toute sa portée comme personnification de l'élément du sujet en droit ; pour en juger, il suffit de remarquer que c'est, en effet, complètement au bon gré de la volonté de l'ayant droit du sujet « actif » qu'est laissée la disposition de son droit, la solution de la question, si, oui ou non, il veut en faire usage. Quant au côté « passif » du rapport juridique, le droit reste tout à fait indifférent à la question de savoir si les actes qui sont demandés au sujet passif se trouvent en contradiction avec sa volonté ou s'ils peuvent, comme cela arrive souvent, se trouver en pleine harmonie avec elle. On peut dire dans ce cas-là, en paraphrasant l'adage bien connu du droit romain : *de interioribus non curat prætor* : en tant qu'il s'agit de l'objet, le Droit ne s'occupe, en général, aucunement du côté intérieur, de la volonté du sujet ; ce qui lui importe, c'est uniquement le côté extérieur de sa conduite, le règlement de cet élément formel qu'est la liberté extérieure du sujet. Et c'est bien elle qui fait l'objet en droit, son côté passif, tandis que c'est à la volonté, élément éminemment actif, qu'appartient, comme nous venons de l'établir un peu plus haut, le rôle de sujet actif en droit (1).

(1) Il est particulièrement intéressant de noter ici, en rapport avec la thèse que nous venons d'établir, à savoir que l'objet en droit n'est rien autre que son « sujet passif » (en tant que cette dernière notion est considérée non pas dans le sens matérialiste de l'être humain, mais plutôt dans le sens du côté passif de cet être), que c'est justement cette thèse qui se fait déjà pres-

Avant de conclure cette partie de mon travail, il me reste, peut-être, à aborder une question qui, si insignifiante qu'elle puisse paraître, a, néanmoins, une importance beaucoup plus grande que celle qui lui est reconnue par les différents auteurs qui s'y sont arrêtés. Il s'agit, notamment, de la question de l'établissement d'une nomenclature ferme et adéquate qui puisse assurer la tâche de garder toute la distinction nécessaire entre la notion d'objet en droit en tant que son véritable objet, c'est-à-dire la liberté naturelle du sujet, et de l'autre côté, les points d'attache sur lesquels porte l'action de cet objet : les objets matériels qui sont désignés comme « objet pratique » (*praktisches Objekt*) par Kierulff, ou bien comme objet faisant objet de rapport (*Beziehungsgegenstand*, *unmittelbares Objekt*) par Gierke, ou enfin comme « objet de l'objet en droit » (définition proposée par Bierling). Toutes ces définitions ne me paraissent pas heureuses, puisque, tout en faisant ressortir la distinction qu'établissent leurs auteurs entre la notion philosophique de l'objet en droit et les phénomènes qui n'en forment que les points d'attache, elles ne parviennent pas à assurer cette distinction par la terminologie elle-même, ne faisant pas ressortir suffisamment la distance logique qui existe, en réalité, entre des notions appartenant à des ordres tout à fait différents. Le fait seul qu'ils gardent toujours pour la notion des points d'attache de la liberté naturelle, véritable objet en droit, la même dénomination d'*objet* quoique modifiée par telle ou telle adjonction terminologique, peut donner lieu à des malentendus préjudiciables à la cause de la clarté des notions dont il s'agit. Et il suffirait peut-être d'évoquer un seul exemple que nous venons de citer un peu plus haut (1) de malentendu, qui s'est produit à ce sujet chez un auteur aussi attentif et savant qu'est M. Rigaud, pour se croire dégagé de tout reproche de pédantisme en insistant sur la nécessité d'assurer, pour la terminologie même des

sentir chez Kant dans ses raisonnements critiques sur la notion des droits réels que nous avons rapportés plus haut (V. *suprà*, p. 211).

(1) V. *suprà*, p. 34, note 3.

notions dont il s'agit, toute la clarté et l'indépendance nécessaires au contenu même de ces notions.

Or, il me paraît que le meilleur procédé pour atteindre ce but serait de réserver uniquement le terme d'objet à cette notion que les auteurs déjà cités plus haut qualifient de « véritable objet », « objet juridique », etc. Quant à ce qu'ils qualifient de « objet pratique », « objet de l'objet », etc., il serait plus correct de faire usage, pour ces phénomènes, d'une dénomination qui, étant exempte de l'élément terminologique « objet », soit capable d'exclure, de la manière la plus sûre, toute possibilité de confusion entre les deux notions en question.

Pour ma part, je me serais permis de proposer, pour la deuxième de ces notions, c'est-à-dire pour les points d'attache sur lesquels porte l'action du véritable objet en droit, la liberté naturelle du sujet, la dénomination de « sub-stratum » qui me semble le mieux convenir pour exprimer l'idée qui se trouve à la base même de tous les raisonnements présentés plus haut. Ainsi, par exemple, pour le droit portant sur une chose, c'est bien la liberté naturelle du co-sujet qui fait l'objet de ce droit; et quant à la chose elle-même, c'est justement par le terme de « sub-stratum » que pourrait être définie, d'une manière adéquate, sa situation dans le monde des notions juridiques dont il s'agit. Tout pareillement la créance fait, elle aussi, le « sub-stratum » du droit correspondant dont l'objet est, comme toujours, la liberté naturelle du co-sujet. Dans le droit public, par exemple, pour le droit de réunion, c'est toujours la liberté naturelle du sujet qui est, dans l'espèce, l'Etat, par excellence, qui fait l'objet en droit; et son « sub-stratum » est la possibilité physique pour les citoyens d'effectuer cet acte de réunion dont la réglementation porte le nom de droit de réunion. Pour le droit international, où c'est la liberté naturelle des sujets, c'est-à-dire, des Etats vis-à-vis l'un de l'autre, qui constitue l'objet dans ce domaine du droit, ses « sub-strata » seront les restrictions concrètes de la souveraineté des Etats qui est leur « liberté naturelle », restrictions telles que le devoir d'assurer l'harmonie de leur législation avec les règles du droit international, de permettre l'applica tion des lois étrangères aux rapports privés (droit international « privé »), etc., etc. (1).

Il serait, de plus, encore plus juste d'établir une distinction entre la notion des « sub-strata » concrets qui viennent d'être indiqués et celle des « sub-strata » abstraits qui portent sur les « sub-strata » concrets et qui ne sont, en réalité, que certains intérêts de telle ou telle catégorie, comme les intérêts d'ordre physique, d'ordre spirituel, d'ordre patrimonial, etc. Ce sont, en effet, ces intérêts différents dont l'harmonisation, sur le terrain des « sub-strata » concrets, par la voie des limitations de la liberté naturelle, fait l'essence même de ce phénomène qui porte le nom de Droit.

En fixant, pour la terminologie elle-même, des notions appartenant aux cadres des idées liées à la nouvelle conception de l'objet en droit, un caractère indépendant qui soit adéquat à chacune de ces notions, nous ne pouvons qu'augmenter les chances de voir évoluer ultérieurement, avec plus de précision, cette conception, en nous préservant contre les malentendus et les équivoques capables de ralentir et de défigurer l'œuvre de cette évolution. « La science, — c'est bien le cas de le rappeler, — c'est la langue bien faite ».

(1) Les détails sur la portée de la notion de « sub-strata » et sur son rôle pour les différents domaines du droit seront exposés dans la partie du présent travail qui est consacrée à la tâche de la classification des différentes disciplines juridiques.

A. Gorovtseff,
Ancien Professeur à la Faculté de droit de Perm (Russie).

LAVAL. — IMPRIMERIE BARNÉOUD.

LAVAL. — IMPRIMERIE BARNÉOUD.

www.ingramcontent.com/pod-product-compliance
Ingram Content Group UK Ltd.
Pitfield, Milton Keynes, MK11 3LW, UK
UKHW020438180726
13839UKWH00004B/1557

9 782329 178172